1 | 星雲大師深感教育乃百年大事、國之根本，於是捐出自己寫書所得的版稅，以及「一筆字」墨寶的善款，於二〇一一年起辦理「三好校園實踐學校」選拔活動，為校園的品德教育注入活水。

1

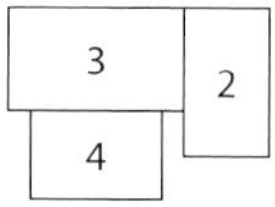

2 ｜星雲大師墨寶。

3, 4 ｜「三好校園」活動迄今已舉行十二屆，公益信託星雲大師教育基金在每年舉辦三好校園頒獎典禮時，也會進行各校的期末成果展、典範學校分享等活動，期許師生做好事、說好話、存好心，帶動社會善美的風氣。圖 3 為第一屆三好校園頒獎典禮，圖 4 為第十一屆線上頒獎典禮，近年疫情雖影響各項活動進行，但推動三好教育的初心不變。

頒獎典禮
說好話
做好事
存好心

第十一屆三好校園實踐學校線上頒獎典禮
做好事
說好話
存好心

<table>
<tr><td>7</td><td></td><td>5</td></tr>
<tr><td>8</td><td>9</td><td>6</td></tr>
</table>

5, 6 ｜鄰近海邊的崎峰國小首創臺灣「食魚教育」，讓孩子認識家鄉的養殖漁業與魚類加工知識（圖 5），並實際走進濕地進行生態調查，了解濕地與魚塭的關係（圖 6）。希望孩子認識祖輩的漁產專業與生活環境，對家鄉產生認同感。

7 ｜崎峰國小食魚教育的最後一個課程是「獨木舟的水域安全」，學習水母漂自救、製作魚雷浮標與拋繩救人等技巧，也是海邊子民的必備常識。

8 ｜崎峰國小雖位處偏鄉，但各方贊助的才藝社團豐富學生的生活，並挖掘出有天賦的孩子。圖為紙黏土才藝社團，師生發揮創意捏塑，躍然紙上。

9 ｜崎峰國小以「三好校園」經費出版了繪本《斑斑的大海奇緣》，書中彩繪皆為孩子創作的紙黏土。

13		10	
14		11	12

10 | 均頭國中學生代表帶領全校同學進行三好宣示。

11 | 成績頂尖的黃于原（中）曾經拒學，直到遇見均頭國中的張金城老師（右），給予他成長空間與尊重，才回到學習常軌，並長出自己的樣貌，還幫助同學提升課業。

12 | 在均頭國中創校即任教的林麗淑老師，不僅熱愛教學，更將一生奉獻給學生，對許多學生來說就像慈母，即使畢業多年，師生感情依然熱絡。

13, 14 | 均頭國中以「山野教育」聞名，在訓練登山專業與進行山野教育時，融入三好精神，到山裡就淨山，到溪邊就淨溪，時時著重環保。

15 ｜塗城國小推動食農教育，學生透過種菜、收成、煮菜，體會到農夫耕作、媽媽煮菜的辛勞，從此更懂得愛惜食物。

16 ｜塗城國小提供學生良好的閱讀環境，讓閱讀成為陪伴孩子一生的習慣。圖為師生在「三好心塗城品格圖書角」共讀。

17 ｜景文高中鼓勵學生每天節省一罐飲料錢，為獨居長輩歲末募年菜。

18 ｜景文高中的「跨年快閃愛地球」活動，在活動開始前快閃表演街舞與手語，宣導跨年「減」垃圾概念。活動結束後，學生留下來撿垃圾，得到許多民眾的讚賞。

17	15
18	16

21
22
19
20

19 ｜淡水國中師生在疫情時，親手縫製口罩套，透過里辦公室分送給有需要的人。

20 ｜淡水國中舉辦校內微型公投，為了讓學生身歷其境，還向區公所商借多餘的票匭、塑膠蓋章等，一切流程比照正式選舉，透過這場三好活動，讓學生練習參與社會事務。

21 ｜黃子揚（右）為南華大學珍珠計畫的栽培對象，他隨珍珠導師林奇憲（左）學縱鶴拳。熱愛繪畫的他，透過藝術與武術領悟三好。

22 ｜在珍珠計畫中，林奇憲不但帶領黃子揚（右）認識武術前輩，還安排書法家李伯遠（左）指導黃子揚的書法作品。黃子揚因此對拳法、書畫更加融會貫通。

26		23	
27		24	25

23 ｜普門中學棒球隊總教練洪榮宏，以「佛法思維」面對競賽，以「三好精神」建立紀律。圖為校長蔡國權（右）及學生朱軒祺（左）。

24 ｜蔡喆宇為八八風災遺孤，在弘揚「三好四給」的普門中學，培養出感恩的心並改善人緣，與家人相處也更和諧。

25 ｜就讀普門中學的魯凱族女孩王珈展現三好精神，熱心參與佛光山「回山義工」活動，還回鄉教導族裡的孩子。

26 ｜四維高中的陳柏旭每日都會到夜市幫忙父親與奶奶，生活雖忙，仍保持優秀成績，並樂於助人，是三好楷模候選人。

27 ｜李螢螢（左二）為四維高中孝行獎被推薦人，她從小學就分擔家事，並照料因病癱瘓的奶奶，但她並沒有被壓力擊垮，成功兼顧家庭與學業。

三好
說書人
日期：110年11月10日至11月12日

30	28
31	29

28, 29 ｜前金國小老師規劃「三好說書人」、「三好淨街」活動，讓孩子成長為具表達力、關懷力與行動力的學生。

30, 31 ｜忠孝國小以布藝教育塑造了獨樹一幟的鮮明形象。學生會自己製作鉛筆盒、包包，還用於國際行善，將三好精神發揮得淋漓盡致。

32　33

32 ｜健行科大學生在進電梯前會排隊；進電梯後，站在門邊的學生會為所有人按電梯樓層；被服務的人在出電梯前，則會一一向幫忙按電梯的人道謝。

33 ｜健行科大校內設置「愛心待用餐」，有學生要求吃待用餐，老闆就義務提供，絕不多問。令人欣喜的是，捐款金額永遠多過使用金額。

社會人文 BGB 539

三好成就孩子好素養

做好事、說好話、存好心

公益信託星雲大師教育基金——授權
稅素芃——著

目錄

出版者的話 三好習慣：成就孩子一生的素養力　高希均……020

序 什麼是「三好」？　星雲大師……024

推薦序 三好，是一場寧靜的革命　心保和尚……029

推薦序 三好給了教育希望的支點　楊朝祥……033

推薦序 持續做三好，好品格自然內化於心　洪蘭……037

推薦序 三好思維，邁向教育的新思維　嚴長壽……042

前言 三好校園已成招生招牌……048

第一章 崎峰國小：三好精神，把偏鄉變豐鄉……064

第二章 均頭國中：三好老師成就三好學生……082

第三章 塗城國小：三好校園實現童話美夢……104

第四章 景文高中：推廣三好，收穫最大的是自己……124

第五章 淡水國中：為老人送餐，讓愛不斷變大……144

第六章 南華大學：以珍珠計畫培養三好青年……158

第七章 普門中學：在好苗子與棒球隊看到三好……170

第八章 四維高中：三好教育，百善孝為先……196

第九章 前金國小：三好校園就是一場寧靜革命……208

第十章 忠孝國小：三好在布藝教育閃閃發光……224

第十一章 健行科技大學：好學有禮，老師先以身作則……240

附錄 「三好校園」操作守則……252

出版者的話

三好習慣：成就孩子一生的素養力

高希均　遠見．天下文化事業群創辦人

（一）「三好」扎根深入民心

星雲大師於一九九八年首次提倡「做好事、說好話、存好心」的「三好運動」，盼望安定人心，找回社會良知。推行多年後，星雲大師深感教育乃百年大事，國之根本，於是將自己寫書所得的版稅，以及「一筆字」墨寶的善款，拿出來成立了「公益信託星雲大師教育基金」，做為推廣社會教育文化之用；並於二〇一一年起辦理「三好校園實踐學校」選拔活動，冀望以「三好運動」往下扎根，讓這個精神理念深入校園，為校園的品德教育注入活水。當孩子將三好習慣內化於心，自然的做好事、說好話、存好心，回家就能影響整個家庭，進而還能將這股風氣擴及鄰里、社區，讓更多人實踐三好，帶動社會良善的風氣。

如今已有一千多所學校響應參加「三好校園」（獲選學校一千多校次，不重複學校數為五百多），從小學到大學，從一般教育到特殊教育，也有基督教、天主教學校參與，成果斐然。

「公益信託星雲大師教育基金」特別精選十七所三好學校，將這些學校實踐「三好運動」後所推動的好事、帶來的良善轉變、學生所受到的潛移默化記錄下來。各校都在本身的基礎上，發展出各具特色的三好活動，例如海邊小學以養殖教育做為三好課程、山邊學校把山野教育融入三好課程、由佛教辦的學校會以靜坐培養學生三好習慣、體育學校將三好精神轉為運動紀律等；還有學校結合區公所，服務社區長者與弱勢族群。

每一個學校的三好活動都別出心裁，深具意義，期待能有更多人看到這些美好的故事，讓人人都能行三好，社會更和諧。

（二）天下文化殊途同歸

今年二〇二二年剛好是「天下文化」創刊四十週年，這個以「傳播進步觀念」為宗旨，以「讀一流書、做一流人、建一流社會」為實踐的出版事業群，已出版過近四千多種書，平均每年被閱讀過的書，可以堆積成六十座「101大樓」。

四十年來，我們驚喜與感恩，在「傳播進步觀念」的路上並不孤寂，從經濟、社會、文化、教育，甚至宗教上，我們都有同道。佛光山開山宗長星雲大師，就是其中最重要的一位。我們出版過大師二十種以上的好書。

星雲大師集改革、創意、教化於一身，推動「人間佛教」，成為舉世少有的佛教領袖。

一九四九年，星雲大師隻身走出苦難中國，來到那時窮困的臺灣。依著佛陀本懷，以宗教利他的宗教精神，推行人間佛教，創立佛光山，開展現代化的佛教事業，更在二十年前推動「三好運動」。

我試用一句成語來形容大師，那就是：「大師的一生：改革了佛教，改善了人心，改變了世界。」

這本書討論大師的「三好」，正是一個人人可以學習得益的範例。

序

什麼是「三好」？

星雲大師　佛光山開山

一九九八年四月，我在中正紀念堂恭迎佛牙舍利來臺祈福的法會上，邀請當時的副總統連戰先生，共同宣誓「三好運動」；二〇〇九年起，國際佛光會在總統府前舉行國定佛誕節活動的時候，總統馬英九先生也與我一起宣誓三好的口號。

「三好」就是身做好事、口說好話、心存好念。簡單說就是：做好事、說好話、存好心，即所謂的「三好運動」。

一般人身、口、意容易造惡業。如身：殺、盜、邪、淫；如口：妄語、兩舌、惡口、綺語；如心：貪、瞋、愚痴、邪見，行三好就是讓身、口、意不要造惡業。

一般人都知道，生存在世間要多行善，不可以造惡業。佛教徒也都了知因果輪迴的道理，我們累劫以來因身、口、意業的造作，種下善惡業因，招感著六道輪迴的果報。然而一直到二十一世紀的今天，才有科學家證明佛教所說的業力，就是他們研究出來的基因——生命的密碼。

現在農業專家要改變植物的基因，讓植物長更大更多；動物學家也在想用什麼方法來改進豬、馬、牛、羊等動物的基因，讓動物體能更加健壯；甚至各國的科學家，更致力於人類基因圖譜的建立，希望找出人體所有的基因，以幫助癌症、先天性疾病的患者，針對有缺陷的基因，加以治療。

其實人的身、口、意行為，無論善惡，都會產生一股力量，驅使我們去造作新的行為，新的行為又會產生新的力量，形成循環，而這些善惡業的因緣成熟，一切還得自作自受。因此，佛教早就昭示人要行善，要諸惡莫作，要眾善奉行，所以行「三好」就是佛教的本意。

你拜佛不拜佛，佛也不一定要你拜他；你念佛不念佛，佛也不一定要求你念他，你心中有沒有想佛，佛也不一定要求你觀想，但是佛教要求每一個人要修身、修口、修自心。就像房屋漏水，要修繕一下；地下髒了，需要掃地；桌子壞了，需要工具來修理；衣服破爛，要修補一下；身體的疾病，也要治療一下。身、口、意有病，怎能不修繕、修補呢？那修補身、口、意，需要什麼工具呢？做好事、說好話、存好心。

什麼是做好事呢？比方，修橋鋪路是好事，施茶施水是好事，垃圾你丟我撿、助弱扶危都是好事；「憐蛾不點燈，愛鼠常留飯」，也可說是好事，和睦社區、服務社會都是好事，寺院的慈善團體或寺院道場的許多義工，犧牲休假日為大眾服務都在做好事。或者倒一杯茶給人解渴、煮一餐飯給人止餓，乃至行車駕駛，不亂按喇叭、不橫衝直撞等等都是好事。

什麼叫說好話呢？比方你在公司裡服務，經常對人說好話：「董事長你好！」「總經理你好！」「同事你好！」或許哪一天公司就因為你的態度良好，來了一道命令，說：「你來做個組長吧！」這也就是你待人好，所帶來的好因好緣了。

凡是給他人歡喜、讚美是好話，給他人鼓勵、加油是好話，給他人指導、教育是好話，以鼓勵代替責備，以愛語代替指責都是好話。金錢多了，錢也能犯罪；力量太多，成為權力也不太好；但好話不怕多，適當的好話，可以鼓舞人心，淨化的、美化的好話愈多愈好。

存好心是什麼呢？一念為人是好心，一念護生是好心，一念愛國是好心，一念助人是好心，祈願國泰民安是好心，祈願風調雨順是好心。我們的心每天都在天堂、地獄裡來回，如果把心存放在天堂裡、好念裡，那就是好心了。

一個人能夠行「三好」，也就是一個好人，做為一個好人，人家就會尊敬你，不會阻礙你，如此，人生自然就會幸福安樂。人人都能成為「三好」的好人，我們的社會不就更美好了嗎？不就是一個「三好」的社會了嗎？

中國的聖賢、所謂的君子，因為他們做好事、說好話、存好心而美名流傳，因此我們今日也要發願做好人，實踐做好事、說好話、存好心，帶動社會善美的風氣。

（此文原載於《三好一生》書序）

推薦序

三好，是一場寧靜的革命

心保和尚　佛光山寺宗長

佛光山一九六七年開山時，家師星雲大師為人間佛教弘法設立四大宗旨：以文化弘揚佛法、以教育培養人才、以慈善福利社會、以共修淨化人心。過了五十六年，佛光山仍然以文化、教育為重心，為社會服務貢獻，持續推動弘揚人間佛教的工作。

佛教教主——釋迦牟尼佛，也是人間的佛陀，他生於人間，修行於人間，成道於人間，度化眾生也在人間，皆是以「人間」為主。

星雲大師說：「真正的信仰是發揚人間佛教信仰的精神，要能犧牲、奉獻，實踐弘揚佛法、普度眾生的菩提道。人間佛教就要發菩提心，能發菩提心才是人間佛教；所以要行佛，不要光是求佛、拜佛，行菩薩道才是真正佛陀人間佛教的精神。」

佛法首先要讓人懂，然後才能去實踐。例如星雲大師提倡「三好」運動，即是將傳統佛教的「三業清淨」，轉化為言簡意賅的「做好事、說好話、存好心」，讓人們琅琅上口，也能用、實踐於生活中。再如提出奉獻人生的「四給」精神：「給人信心、給人歡喜、給人希望、給人方便」。佛光山以「五和」做為創造人間淨土的準則，即「自心和悅、家庭和順、人我和敬、社會和諧、世界和平」。以三好、四給、五和做為人間佛教的弘揚，將幸福安樂的種子布滿人間。

星雲大師終身投入教育，關心教育，從創辦佛教第一所幼稚園，到海內外五所大學；從建寺安僧到世界各地兩百多所寺院學校化；從一張文憑都沒有，到榮獲三十多個榮譽博士。為了推動教育、文化、慈善等領域公益工作，注入一股正向力量於社會，於二〇〇八年成立「公益信託星雲大師教育基金」，並於二〇一一年五月繼而成立「三好校園實踐學校」選拔與獎勵，將三好運動推廣至校園中，原以國小、國中、高中職學校為對象，二〇一四年特別增設大專校院組，期望學校有計畫、有創意及新思維來結合課程與活動，擬定具體實踐的策略，使師生能在生活中思辨與力行「做好事、說好話、存好心」的行為，共創自信信人、自立立人、服務人群、造福社會國家的三好學生、三好老師、三好家長。

為了教育的無私奉獻與付出，如同一場寧靜革命，一種和緩、不帶傷害、不帶勉強的創新改革、改造，三好校園計畫的推行，和平的在校園間，隨學校的發展與需要，萌芽成各式各種的樣貌，也為無數的師生、家庭種下一顆善的種子。

星雲大師從三個方向進行寧靜的革命，「做好事、說好話、存好心」，從「身口意」三業進而淨化整個身心及行為。行為關係到自身及社會的將來，所以大家提倡三好的校園，可以說為社會打入一個最好的基礎，讓未來社會更加美好、祥和。

三好扎根校園，師長學生問早道好、行三好，學生氣質改變，連早餐店阿姨都讚嘆；情境布置是重要的一環，校門口的三好認證標章能讓家長更加認同學校，為學校加分，帶動學校向家庭與社區擴展，促進社會祥和。

佛光山開山星雲大師相信「行為可以決定我們的未來」、「實踐才有力量」，期望人人行「三好」運動，有效發揮匡正社會風氣，淨化人心，並為校園的品德注入活水，實踐人生的真善美，從人間佛教的推動裡，實踐三好意涵，帶動社會共同參與這一場寧靜的革命。

推薦序

三好給了教育希望的支點

楊朝祥

三好校園實踐學校指導委員會主任委員
暨佛光山教團系統大學總校長

「人間最美是三好。」《三好歌》在三好校園，人人琅琅上口，輕快的旋律直教人開心得手舞足蹈。《三好歌》的傳唱不只讓「三好」唱入人心，更期許人人做好事、說好話、存好心，讓社會好上加好，美上添美。

當社會不斷發展，除了要重視經濟力的增加以外，更不可或缺的其實是「人文素養」的提升。因為經濟力供給的是人們眼前的生活條件，但人文涵養則是終身帶得走的品質、品格和品味。

臺灣經過多年的教改，培育學生本位為導向，以「自發」、「互動」及「共好」為理念，強調適性揚才，發展多元智慧，雖已逐步鬆綁「升學主義」，但仍無法破除明星學校、學校排名的迷思。「為何而學」、「學習如何學習」尚不能成為每位同學具備的能力，學校教育所灌輸的智育依舊主宰著學校教育的方向，實令人憂心。而這根深柢固的引信始終未能徹底拆解，不只阻礙多元學習、自學力的養成，且由於德育和群育受到智育的競逐，影響所及，將是社會的良善、安全與安心受到排擠。是以如何構築一個「我為人人，大家共好」的社會，「三好運動」成為破繭而出的妙法良方。

事實上，星雲大師早有真知灼見，一九八八年即耕耘人間淨土，倡導「做好事、說好話、存好心」的「三好運動」。他希望藉由傳播善的種子，形成善的循環，進而實踐人生的「真、善、美」。為了加速落實「三好運動」，二○一一年，大師將寫書所得的版稅以及「一筆字」成立了「公益信託星雲大師教育基金」，除了設立「星雲真善美傳播獎」、「星雲教育獎」、「全球華文文學星雲獎」、「好苗子專案」之外，並舉辦「三好校園實踐學校選拔活動」，迄今已十二年有成，受惠的學校遍及全臺一千餘所，「三好運動」於臺灣校園中儼然已遍地開花。

目前，三好校園的實踐以小學耕耘最深，其次為國中，再者為高中與大學。基於扎根基礎教育，向上提升至中學階段，最後擴及於大學，將能逐級深化，收風行草偃之效。尤其近年來，配合新課綱頒布，鼓勵各校依照不同地域、條件發展自我特色，也使不同學校建立自己的特色，符應了當前學校本位的精神，將促成「由下而上」（bottom-up）學校主體性的彰顯，不論生態、環保、體育，乃至服務學習，已然建構了學校教育的新風貌。

本書中揭示了十餘所學校，包括國小、國中、高中和大學等不同之學制，所凸顯之三好精神，談及學生、教師之良善德行，校園之境教、三好教育活動等，皆有具體的做法，故事勵志、溫馨，讓人見賢思齊。透過本書的出版，深信可以影響更多人實踐三好精神，推廣三好運動，讓已經來到成熟期的「三好校園實踐學校選拔活動」更具感染力，再次號召更多的人一起參與到集體幸福工程的實踐運動之中。

人人行三好，社會更美好。從自身做起，將個別的光點匯聚成整體社會的光彩，可望成就臺灣共好的未來。在這共好世代中，彼此禍福與共，人與人不可分割，人與環境相互依存，「做好事、說好話、存好心」成為集體創作的支點，它將撐起教育的新希望，以共好的行動打造社會的美好。

推薦序

持續做三好，好品格自然內化於心

洪蘭　中原大學、臺北醫學大學、中央大學講座教授

多年前，黃春明的黃大魚兒童劇團去偏鄉的國小演出《桃花源記》。有一個學校的老師便在第二天的作文課，要學生寫「我心目中的桃花源」。有看戲，學生都能盡情發揮，但是有個小朋友卻寫：「我心目中的桃花源是父母不吵架，老師不打人，同學不欺負我，街上沒有壞人。」我看了有點心酸，這個最簡單的需求，怎麼變成了他的理想國？家庭和樂，社會安定，這不是我們大人應該給孩子的基本

生活環境嗎？

加拿大麥吉爾大學神經學家米尼（M. Meaney）的老鼠實驗顯示，環境會深入到DNA的層次，從而改變大腦的結構，即母鼠對待小鼠的態度會決定大腦基因的展現與否：一個得不到母愛的小鼠，長大後不會是好媽媽，牠會虐待自己的孩子，落實了「禍延三代」這成語。《安徒生童話》的作者安徒生更說：「百分之八十的罪犯來自冷漠沒有溫暖的家庭。」自私自利的冷漠社會，會嚴重影響我們孩子的未來。

為此，做為老師的我，開始去偏鄉推廣閱讀。普利茲獎得主米契納（James Michener）說：「一個國家的未來取決於孩子少年時所讀的書，這些書會內化成他對國家的認同、生命的目的、人生的意義，以及他對未來的理想。」我希望孩子讀的好書能內化成他好的品格。不過這個歷程很慢，無法立竿見影，而孩子一天天在長大。

正在煩惱時，覺培法師請我為這本書寫序，我很驚訝的看到，佛光山竟然已經找到方法了，這些三好學校所做的，正是成就那個孩子心中桃花源的方法。

原來桃花源的境界可以從每個人「身做好事、口說好話、心存好心」開始，當人人開口說好話、做好事時，社會自然安詳，家庭自然和樂。就算一開始有點勉強也沒關係，效果依然會出現。

司馬光在《資治通鑑》中說：「作之不止，乃成君子。」戰國時，魏國的安釐王問孔斌：「誰是天下的高士？」孔斌回答：「世界上根本沒有完美無瑕的君子，如果一定要說，那麼魯仲連可以算是一個。」安釐王很不以為然的說：「魯仲連的行為都是勉強做出來的。」孔斌就說：「那有什麼關係？一個行為如果不停的做下去，最後就會成為習慣，習慣就會成自然，這個人的行為就可以算得上高士了。」所以即使一開始勉強做，做久了之後，習慣成自然，好行為就不自覺的表現出來了。

現在神經學家可以在大腦中看見，神經迴路因行為的改變而改變：一開始勉強去做這個行為時，大腦會花很多的力氣（資源）去把這個行為做出來；但是做的次數多了，迴路的連接被強化了，臨界點降低了，再做時，只要原來一點點的資源，這行為便出現了。持續做下去，最後迴路的活化變成自動化，就不再花任何大腦的資源了。所以培養學生做好事、說好話、存好心一定會有效果出來，只要貴在持久。

這三好中，最重要是存好心。若存好心，人就不會說壞話，也不會引起糾紛，社會自然安詳。例如管仲和鮑叔牙合夥做生意，在分紅時，管仲分得多，有人便替鮑叔牙打抱不平。鮑叔牙聽到了便解釋說：管仲家有老母，需要多分些錢去奉養母親。當事人都這樣說了，別人也就無法挑撥離間了。

所以存好心是最重要的，念頭好了，後面的說和做都會自動表現出來，這一點也是我們做老師感到最困難的地方。幸好從三好學校吃午飯時唸偈的經驗，我看到了教的方法，原來心存感恩，正念和好念便自動會出來。

史懷哲說：「榜樣是教育中唯一重要的東西。」教育就是模仿，三好校園的推動，校長、老師是靈魂人物，他們以身作則，感動學生，從而使學生的三好行為自然出現。

這本書令人感動，希望大家都能去讀。因為有感動，觀念就會改變，觀念改了，行為自然改變。相信繼續推動三好學校，有一天我們的社會一定能達到那個孩子心中的桃花源。

推薦序

三好思維，邁向教育的新思維

嚴長壽　公益平臺文化基金會董事長

這是一個科技快速發展的時代，網路無處不有，資訊鋪天蓋地而來。在過去，從家庭到學校再至社會，各自發揮了不同階段的教育功能。但是隨著科技與通訊軟體的快速成長，在人類與教育還沒準備好應對方法之前，無奇不有的真假訊息、色情網站、知識網站已滲透到了所有人的大腦，各種意圖的思想，正以不同面貌腐蝕著人類的心智。

尤其這幾年，在世界各地政治人物與各懷鬼胎的陰謀者推波助瀾下，人與人之間的互信蕩然無存，懷疑與仇恨取代了信賴與關懷。在地球暖化與疫情快速肆虐的當下，烏俄戰爭驟然暴發，兩岸間的緊張關係也達到了歷年的最高點；加上人與人之間缺乏同理心，不斷以網路互罵、鄙視對方的模式，更是火上加油的威脅著人類文明。「殺君馬者路旁兒」，在此紛亂的時代裡，任何一個在旁錯誤鼓譟的行為，都可能讓世界落入毀滅的萬丈深淵。

值此文明倒退的年代，唯一的解方，就是回到教育的原點，透過正確的教育，從根本的態度著手。感恩星雲大師自二〇一一年就已經洞察到世界的變化，從學校開始推行三好運動，希望以「做好事、說好話、存好心」導正這個風氣。很高興看到在許多教育現場已有了明顯的成果，此時此刻更加體現三好價值的重要性。三好運動不只對家庭、對學校、對社會很重要，也對於科技將取代人類工作的當下，對於消弭仇恨對立至關重要；尤其以正向的同理心及真實行為面對人類彼此，讓三好概念成為人與人之間互動的思維方式。

在「三好校園」的活動裡，有許多學校表現得很精采，充滿創意，而具有創意的活動，才能幫助「三好校園」的效益發揮得更好。對於創意的增進，我建議老師要從自己開始改變。這就像過去使用的是螺旋槳飛機，當進步到噴射機時代，飛行員都要走過重新學習的階段；而身為教化未來青年的老師，就更必須以身作則重新學習。

為了加速改變臺灣教育的現場，我曾經不自量力，擔任宜蘭慈心華德福教育實驗高中兩任六年的董事長職務，也從側面與一群教育夥伴，一同從事翻轉教育的改變。與此同時，看到星雲大師為了實現為偏鄉學子提供教育資源的心願，特別在臺東設立均一國民中小學。由於初期招生受到了一些阻力，於是我自告奮勇，懇求大師讓我接管學校的硬體，在原有完整的硬體基礎之下，設立一個為臺灣未來及偏鄉教育的國際教育實驗平臺。這所學校在許多朋友的支持之下，終於看到了一些小小的成果。這一切的一切，都要歸功於大師當時提供了這麼一個完備的舞臺。

於是我在均一小學部，完全使用華德福教育模式；到了國高中，除了延續華德福教育的精髓外，也進一步加深與現代教育及未來人類變化必須具備的內涵，從基本的做人品格，獨立思辨思想不被駕馭，先學自律再談自由，改變自己也關懷環境的弱勢；然後再從培養青年學子基本的素養與生活能力著手，無論是音樂、舞蹈、戲劇、美術、文學、體育、綠能建築、國際餐飲，或是戶外活動，包括騎車、爬山、游泳、划船、造舟，每樣都必須體驗，不單是為了探索未來的工作做準備，也同樣是一輩子可以帶著走的生活能力；最後再以創意思維導入「主題教學」（Project base learning）、「設計思維」（Design thinking）來規劃課程，也就是學生的學習模式，是圍繞著一個主題，學習其相關知識。引導學生學習的動機，發展自己解決問題的靈活知識，取代傳統填鴨硬背的死知識。在網路發達的時代，所有知識幾乎都可以從網路上找到，死背硬記已經沒有意義了。

我看到有些「三好校園」以行動引導學習，例如南投縣埔里鎮均頭國中的山野教育、屏東縣林邊鄉崎峰國小的食魚教育、高雄市鹽埕區忠孝國小的布藝課程，就是類似的做法。這種學習方式不但可以達到有效學習的目的，也可以培養師生的創意，透過這種教學方式傳遞三好價值。我想，這就是大師想像中最好的「三好校園」。

前言

三好校園已成招生招牌

做為學生家長，判斷一間學校辦學品質優劣的方法之一，就是視其校門是否掛有「三好校園」的牌匾。這幾乎成了一所好學校的「正字標記」，也是家長對學校的信心來源。

三好校園的緣起

「三好校園」的牌匾並非教育部所頒發，它來自民間宗教團體佛光山的「公益信託星雲大師教育基金」。佛教相信因果輪迴，認為修正自己的身、口、意，是停止造業、累積功德的良方，所以從一九九八年起，星雲大師就開始倡導「做好事、說好話、存好心」的「三好運動」，希望藉由傳播善的種子，形成善的循環，進而實踐人生的「真、善、美」。

「三好運動」的概念雖源自佛教，實際上就是品格運動，鼓勵大家「做好人」。「三好校園」則是將此概念推廣至各級學校，鼓勵學生在日常生活裡養成三好習慣，培養三好的品格力。因此，星雲大師一開始設定「三好運動」的性質便不屬於宗教活動，也就是非關佛經，不涉及宗教，也沒有佛教語言。各級學校可以單純從品格教育入手，自由發揮，所以後來連天主教或基督教學校皆樂意成為「三好校園」的一員。

「三好校園」的緣起，是從佛光山開山星雲大師寫書所得的版稅及「一筆字」開始的。

星雲大師寫書法習於一氣呵成，而這一筆完成的書法作品，就被信徒稱為「一筆字」。這些墨寶在信眾眼裡自然價值不菲，因此成為眾多信徒的珍藏。經年累月下，一筆字善款也逐漸累積到相當程度的金額。某日，星雲大師隨口詢問專責管帳的師父：「我到底有多少錢啊？」得到的答案竟讓他自己也大吃一驚，便決定將所有的款項，包括信徒奉獻給星雲大師個人的供養金在內，全數捐贈出來。

佛光山用這筆經費成立了「公益信託星雲大師教育基金」，做為推廣社會教育文化之用。於是，「星雲真善美傳播獎」、「星雲教育獎」、「全球華文文學星雲獎」，以及栽培學子的「好苗子專案」陸續推出，而「三好校園實踐學校選拔活動」亦屬其中之一。

「三好校園」的推動起始於二〇一一年，星雲大師有鑑於教育乃百年大事，國之根本，冀望以「三好」精神理念深入校園，營造和諧善美之德風。當時，只要申請學校能夠提出具體計畫，經審核通過，繳交期中與期末的成果報告，即可獲得「三好校園」補助款，並獲頒牌匾，成為「三好校園」的一員。

三好運動蓬勃發展

「三好校園」活動迄今已經舉行十二屆，受惠的學校遍及全臺一千餘所。學校的級別以小學最多，約占半數；國中次之，約達四分之一；而高中與大學較少，各約為八分之一。雖然小學與大學的申請數量懸殊，但有感於品格教育往下扎根效益最佳，所以這結果也吻合期待。

「三好校園」的牌匾也有區隔。凡第一年通過審核者，皆可獲得壓克力材質的圓形標章；連續三年則可獲得裱框的星雲大師一筆字墨寶（題字「三好校園」的書法作品）。這標章具有進階意味，希望鼓勵校方能以長期的眼光經營「三好校園」。後來因為「三好校園」活動蓬勃發展，故將最久連任期擴大為五年，於是又增加了不鏽鋼材質的方形標章。因此，眼尖的家長若能看懂不同標章的涵義，就可以知道該校在經營「三好校園」上努力了多長時間。

由於三好運動是名副其實的品格教育，自從施行以來，對家長充滿了吸引力。但凡榮獲「三好校園」頭銜者都會發現，這塊標章不僅對招生發揮了極大的效益，而且只要頂著這頭銜爭取教育部的各種品德教育獎、教學計畫卓越獎等，也具有加分效果，因而使得「三好校園」成為許多學校躍躍欲試的活動。

當年佛光大學校長楊朝祥受星雲大師囑託，協助「公益信託星雲大師教育基金」辦理「三好校園」推廣活動，並成立指導委員會擔任主任委員，一開始就擬定「三好校園」必須具備的三個特徵：具有非口號性的實踐力、以全校為推廣範圍、必須師生共同參與；更白話說就是不淪為口號、在所有年級推廣、師生皆必須參與活動。

為了讓「三好校園」活動能具有公平性與權威性，所有評審都是獨立、客觀的專業人士，例如各種相關專業學科的教授與專家；而「公益信託星雲大師教育基金」則扮演從旁協助的角色，期能讓參與的各校從規劃、實踐到檢視，都享有專業對話的審核過程。

「三好校園」活動在二〇一一年舉辦第一屆時，只有二十餘所學校報名。發展至二〇二二年，僅僅申請階段，就在全臺各地舉辦了多場針對報名學校的申請說明會，從報名學校非常踴躍，即可知「三好校園」多麼炙手可熱。

三好校園的三階段發展

「三好校園」的發展歷程，大約分為三個階段。

第一階段：制度建立期

第一階段是活動創始的最初三、四年，屬於制度建立期。這個階段是在確立「三好校園」的活動定義，凡教導做人的基本道理皆囊括在內，目的是促進人與人之間良善的互動模式。所以在此時期，幾乎所有參與學校的活動重點，多為藉由節慶、各種活動來詮釋何為三好。例如選拔三好楷模、三好作文比賽、三好歌曲比賽、三好戲劇比賽、寫孝親卡、為老師奉茶、製作三好海報等，讓三好的定義變得更為具體清晰。

第二階段：快速成長期

第二階段同樣維持了三、四年，這段時間進入「三好校園」的快速成長期。學校舉辦活動更為靈活，開始懂得運用外來的資源推行三好活動。例如佛光山出版的《人間福報》，幾乎整份報紙都是可資利用的三好素材，於是發展出剪報、讀報、寫心得等各式活動。佛光山在各校周遊的「雲水書坊－行動圖書館」，也是典型的三好閱讀，能夠被充分利用。同時，佛光山有一套自行設計的三好教材，學校若懂得將其整合成補充教材，也等於是為學校注入一股豐沛的資源。

在此階段，學校也開始將觸角擴及社區，而非單純將活動場域局限在校園裡。三好運動與家庭、社區結合，於是出現了拜訪老人院、淨灘掃街、邀請媽媽參與母親節活動、舉辦親職講座，或家長讀書會等各種活動，使三好活動進化為一種學校、家長、社區三方溝通的優質管道。

第三階段：特色發展期

到了第三階段，也就是二〇一九年以後，教育部新課綱頒布，學校可以搭配該校的發展來自主規劃課程，發展生態教育、環保教育、服務學習等不同型態的三好活動。於是，學校開始出現各種特色的活動，例如海邊小學以養殖教育做為三好課程、山邊學校把山野教育融入三好課程、由佛教辦的學校會以靜坐培養學生三好習慣、體育學校將三好精神轉為運動紀律，還有學校以三好概念經營宿舍管理等。若再把幫助弱勢團體的社區服務概念一起融入三好活動，將三好概念發展為倫理守則，各校三好活動的豐富性與獨特性就成形了。

現階段的三好校園已經進入成熟期，不再局限於舉辦比較單薄的個別活動，而是開始推出結合社區在地文化的「跨領域」活動，這種根據地區文化發展的活動，因受到地方資源滋養，社區本身還可以轉化為老師與學生的教導者，以致充滿延展性而可長可久。

委員認為這種操作方式，與現今大學推廣的「大學社會責任」（USR）有相似之處，皆強調校園與社區產業結合，發展在地文化，不僅促進產業發展，也幫助學生認識自己的故鄉。當孩子理解自己是被何等文化滋養茁壯時，未來發揚光大故里文化的願心也會更大。因此，委員樂見學校活動與社區發展協會的推廣活動能兩相結合，畢竟團結力量大。

把夢做大一點，建立特色活動

另外值得欣喜的是，當「三好校園」發展至第三階段時，三好文化已經融入學校一段時間，不只老師、學生出現改變，連家長及社區都能感受到這份轉化。有不少學校直接將三好議題納入課綱，與課程結合，他們並沒有為了推廣三好活動而增加新的作業與活動，而是將三好概念自然融入既有的教學活動與校園生活中。這種「不為而為」的做法，為校園文化帶來自然的薰陶效果，使三好概念不再只是口號，而是生活的一部分。

為了讓受獎學校能彼此觀摩，佛光山在每年頒獎典禮時，同時會進行各校的期末成果展、典範學校分享、播放優良影片等活動，讓大家見識到他校在做什麼？怎麼做？結果又是如何？這種不藏私的分享，可以產生非常好的學習效果，讓所有人一起成長。

當「三好校園」的連續年度從三年延長至五年後，各校對「三好校園」的活動經營，又邁入另一個新里程。指導委員會委員鼓勵各校「把夢做大一點」，可以一口氣做五年規畫，每年再進行細膩的滾動式修正。一個活動連續做五年，就很容易變成該校的特色，進而發展為其引以為榮的傳統了。

對於有意申請「三好校園」的學校，委員也提出建議：規劃三好活動，不妨從「需求」切入，也就是策劃一系列學校最需要的活動，並讓這個活動成為打造學校特色的途徑，如此才能產生最大的效益；否則活動易淪為形式，難以打動人心。

以屏東縣林邊鄉的崎峰國小做為最佳範例。該校為了配合周邊遍布魚塭的地理環境，設計一系列認識鄉土、認識魚塭及環境保育的活動，這是一個非常扎根在地的計畫，兼具愛鄉教育與環境教育，非常精采而值得讚嘆。

另一個例子為南投縣埔里鎮的均頭國中。由於該校是山間學校，因此推出淨山、冒險、生態的山野教育，最後學生不僅學到山林知識，也在活動裡接受一連串挑戰，在經歷體能極限的同時與自我對話，並從中獲得成長。這個活動不但吻合學校特色，也貼近學生的興趣，寓教於樂，頗具效益。

成功活動說得出每個細節

凡以學校立場出發舉辦的活動，就能將整個活動的實踐過程具體言說出來。

淡水國中正是一所這樣的學校。他們的活動主題是「為老人中心送餐」。這個活動剛開始僅是學務主任發心，獨立負責計劃與執行，但隨著社區資源慢慢進來，其他老師也跟著投入，逐漸形成一個團隊。

三好校園指導委員會楊昌裕委員猶記得當他們來簡報時，不只校長可以獨立上臺說明，就連每位主任、老師都能細說從頭。這是一個對所有過程瞭若指掌的團隊，甚至連哪裡應當再修正，都能說出原委。當委員聽到這些從無到有的細節時，實在感動不已。因為這代表整個團隊投入甚深，他們是用心討論，一起攜手走過來的。「一個成功的活動，背後勢必有一群能將整個實踐過程、每個步驟都說清楚的團隊。」他說。

既然有成功的經驗，當然也有失敗的前例。舉辦社區服務，如果無法從學校的需求出發，參與的學生很可能會流於形式，只是為服務而服務，導致無法遵守服務倫理的現象。例如學生主辦社區活動，非但不能為社區帶來好處，反而帶來垃圾，甚至還因為準備不周，反倒需要社區的協助與服務。這種不對位的服務，可能產生「服務垃圾」或「服務汙染」。

又例如到偏鄉進行服務，要留意以原住民為主體，而非以自己為主體。主辦方必須事先溝通，深度思考對方的需求，並且願意為此張羅資源，學習新技能，盡力滿足被服務者的需求，否則就只是到偏鄉進行一場「文化汙染」而已。

以前就曾經有大學生到偏鄉小學服務，結果因為活動設計得不周全，導致那些大學生只是到偏鄉玩了兩天，不但沒有教偏鄉小孩什麼，反而把他們的心給帶跑了。之後偏鄉老師還得費盡心力，重新安頓孩子的心，讓他們重回正軌。像這類失去初始意義的活動，還不如不辦為好。

老師、家長、學生攜手努力

在「三好校園」推廣多年後，指導委員會委員發現校園文化有所轉變。最直接的表現是，許多學校在舉辦活動初期，唯校長發心，老師或行政單位只是被迫執行，但後來老師卻變為主動者。

因為這些老師發現，將三好概念融入課程，有助於班級經營，更容易建立學生的生活常規。而且三好概念具有一定的明確性，師生之間容易建立共識，進而順利落實。在教育的第一現場，若老師親身體會過實踐三好概念的好處與便利，就會成為推廣「三好校園」最堅強的尖兵。

「三好校園」的另一項美好成果，則是孩子的行為改變了，學校的氣氛不同了，師生關係也變得更好了。這風氣還進一步影響到家庭與社區，有老師告訴委員：「學生變得有禮貌，有客人來也會主動問好。」有家長反映：「當夫妻吵架時，孩子突然冒出一句：『請爸爸媽媽說好話。』」甚至有許多學校的學生在校外助人，之後受助者親自到學校向恩人答謝。

因此，當學校決定要成為「三好校園」時，必須要知道三好教育並不僅是辦活動，而是要建立優良品格的素養教育。活動猶如一場美麗的煙火，閃耀過就消失；但建立美好的素養，卻是教育事業永遠要努力的方向。想要達到此目標，主事者必須明白，好事不僅必須做，還必須認真做、踏實做、反覆做，才能真正成為好事。也只有大家都願意做，而且歡喜做，好事才能內化成為素養，並深入人心。

第一章

崎峰國小：三好精神，把偏鄉變豐鄉

只有充滿理想、不怕麻煩、充滿行動力的教育工作者，才能改變學校文化，點燃臺灣教育新希望。

屏東縣林邊鄉崎峰國小位於海邊，被一片魚塭與濕地包圍。整個校園很小，全校僅有六十二名學生，加上幼兒園的二十七個孩子，總共才八十九位。由於學生太少，連下課都聽不見喧鬧聲。校園裡有兩排綠蔭，只見樹下高懸著幾顆晃動的籃球。那是校方刻意安排的設計，以此吸引學生跳起來拍球，刺激他們長高。

學校的長廊上，高高張貼著一排好話，皆是不同名人或名著裡的三好名言。校園裡還有兩面馬賽克瓷磚畫，那是全校師生的共同創作。當年由於牆面陳舊斑駁，有待整修，郭希得校長靈機一動，心想與其粉刷，不如讓學生自由發揮，因而催生出一場熱鬧的彩繪活動，師生玩得不亦樂乎。這兩面充滿童趣的馬賽克瓷磚牆，不但記錄一段美好的往事，也展現三好活動的美麗創意。

崎峰國小最為人稱道的三好活動，就是「食魚教育」。郭希得在任的七年期間，有六年都在執行「三好校園」計畫，他主導的「食魚教育」堪稱三好校園典範，曾榮獲農委會舉辦的「食農教育推廣計畫徵選活動」優等獎。據說該教案雖屬食魚而非食農，卻是臺灣首創的「食魚教育」，使得評審相當驚豔，並且派技正南下觀摩教學。

「食魚教育」教孩子愛鄉愛土

「食魚教育」緣自於郭希得校長的一個發現：崎峰國小雖位於海邊，與眾多魚塭與濕地為鄰，不少學生家長也靠養殖營生，但在地孩童對養殖業與濕地卻所知有限。究其原因，養殖工與漁民收入微薄，因此鼓勵孩子長大成人後前往都市，另謀發展。

因此，許多學童從小就被禁止靠近水域。他們不熟悉海水、不識魚蝦，更不曾捉魚戲蝦；不了解濕地與魚塭的關係，當然也就不懂珍惜祖輩的漁產專業。郭希得曾延請救生教練給學生授課，他在教學過程中忍不住說：「這些海邊的小孩，怎麼對大海如此陌生啊！」

為了彌補這個遺憾，郭希得設計了一系列「食魚教育」課程，教導孩子認識自己的家鄉。該課程一氣呵成，循序漸進介紹養殖漁業、濕地淨化、魚類加工、魚類烹煮、水域安全等主題。

「食魚教育」的第一堂課，就在學生家長開設的養殖場舉行。校長請家長為小朋友說明養殖業的流程，讓學生了解並學會辨認家鄉養殖的魚種：石斑魚、鱸魚、白蝦與小龍蝦。另一堂濕地淨化課，則由教自然科的郭希得親自講授，「不必意外，小學自然課的內容，就足以教會孩子了解這部分的知識。」他說。

為了讓學生理解濕地能淨化被養殖業汙染的水源，郭希得帶孩子們逐一進行「水質PH值調查」、「紅樹林生態調查」、礫石區的「生態工法調查」；最後，由於養殖場增建許多能增加外快的太陽能板，郭希得乾脆連「太陽能板架設角度的學習調查」都一併納入。至此，小朋友對家鄉總算有基本概念，也開始尊重自己父母的專業，並且多了一份自信。

但這尚且不足，郭希得又帶小朋友參觀鱈魚香絲加工廠，讓他們知道難以保鮮的海產如何創造經濟價值。此外，海邊人家的小孩當然也要會烹飪，所以「大廚師」課程就此登場。

最後的課程是「獨木舟的水域安全」，因此學習水母漂自救、製作魚雷浮標與拋繩救人等技巧，也是海邊子民的必備常識。由於這門課是在安全海域進行，而且全程備有救生衣與救生艇，內容又是學習救生，家長都很放心讓小朋友參與。

「食魚教育」背後的感人故事

「食魚教育」的主軸清晰，規劃周詳，與在地生活息息相關，還環相扣，所以這教案一推出就備受讚揚。但鮮少人知道，郭希得校長在推出這個教案之前，曾歷經一段嚴厲的考驗。

七年前，郭希得初來乍到，並不適應崎峰國小的文化。每逢週三半天課，學校打完下課鐘，整座校園就一片靜寂。安靜的午後，他經常一個人在校長室裡發呆，不知該做什麼。有一回，他甚至被不知情的校工反鎖在辦公室裡。

郭希得發現，崎峰國小的學生習慣在放學後再回到學校玩耍，令他不禁擔心孩童的安危。因此，他大膽提出構想，希望利用週三下午與寒暑假時間，為孩子安排免費的才藝課程，讓無處可去的學生能回校學習。

不出所料，這建議立即受到部分同儕反彈。甚至有人說：「如果這所小學關了，頂多與別校合併，到時走的人是校長，不是老師。」這些同事或許是習慣了偏鄉小學的既存現況，但郭希得並不是這樣想。他充滿教育熱忱，不安於現狀，內心有一個期待點燃的火苗，渴望能為孩子多做些什麼。

郭希得來自城市，深知城市孩子的學習歷程，因此對偏鄉孩子的資源匱乏充滿同情。他希望當城裡的孩子忙著上才藝班時，偏鄉孩子跟科學、音樂、藝文的距離也不要太遙遠。郭希得分享：「曾有人詢問李遠哲博士，如果讓他經營一所學校，他會怎麼做？答案是：『讓孩子上午上正式課程，下午依興趣自由活動，包括閱讀、運動、自然科學探索、藝能學習。』」李遠哲博士這段話深深打動、啟蒙了郭希得，他期待崎峰國小的孩子平時能上正常課程，週三下午與寒暑假則上才藝課程。

「食魚教育」就是由此而生。一開始是針對崎峰國小中高年級學童，舉辦為期一個月的「夏日樂學」暑期課程。

不讓偏鄉孩子失去機會

郭希得校長的改革，歷經一年的醞釀與準備才得以實踐。所幸學校裡仍有支持他的老師與行政人員，他終於為學生推出一系列免費的才藝社團，包括扯鈴、紙黏土、跳舞、英語、書法、直笛、羽球等。為此，學校還提供免費午餐，讓小朋友在週三與寒暑假下課後，可以拎著便當回家。

如此一來，每個週三下午與寒暑假，學生返校有吃、有玩，還有得學，而且這些課程都沒有額外的作業與考試，所以孩子們都很高興。家長們更高興，因為有人幫忙顧小孩，提供免費的才藝班，還省去張羅孩子午餐的麻煩。這是百分百的「三好校園」實踐，一所遺世獨立的偏鄉小學，從此變得活力十足。

為了不增加學校老師與行政人員的負擔，所有才藝課程老師均採外聘。行政人員唯一增加的工作就是「點名」，之後都是由授課老師負責。至於校長的責任，就是努力找經費，用以支付老師的鐘點費與額外開銷。郭希得笑稱，每個寒暑假就是拚命忙著寫各種計畫書，尋求各方協助。十分幸運的是，「公益信託星雲大師教育基金」、「全聯佩樺圓夢社會福利基金會」、「漢儒文教基金會」、「兒童福利聯盟」、誼昌空調、三重興協宮等機構都成為他的貴人，長期提供崎峰國小固定贊助，讓免費才藝社團可以持續下去。

儘管每年暑假只休假五天，但郭希得忙得很開心。學生也很爭氣，校長室裡擺滿各種獎章，包括地球科學展覽、羽球競賽、競技體操、音樂、舞蹈等各式各樣的獎項。他喜孜孜表示，沒有鋼琴基礎的孩子能在音樂比賽裡獲獎，實在相當不簡單。學校透過這些才藝課程，也挖掘了一些擁有特殊才藝的孩子。郭希得很慶幸，這些學生的天賦並未因身處偏鄉而被埋沒。

對於才藝社團的安排，郭希得自有一番想法。舉例來說，他發現六年級孩子對才藝課程已感到疲乏，甚至不太珍惜材料，於是要求所有六年級學生一律不上才藝課，改上英語課。為此，他與附近的國中合作，直接請該校老師來教國一英語，這樣既可以幫助國中招生，對學生也有好處。這項課程一經推出，果然大受學生與家長好評。

才藝與正課平衡的教學理念

英語社團並不是六年級的專利，崎峰國小從小一開始就有英語課了。儘管政府規定小三才開始有英語課，但是城市裡的小學生小一就開始學英語，郭希得校長不希望學生輸在起跑點上，於是利用才藝社團來補強。

另一門值得一提的才藝社團是「紙黏土」。令人意想不到的是，郭希得居然利用學生的這份才藝，以「三好校園」經費出版了繪本《斑斑的大海奇緣》，內容講述養殖石斑魚回歸大海的故事。繪本有正反兩面可讀，正面是中文與閩南語，反面則是英文與日文，兩本直接裝訂成一冊。之所以選擇用這四種語言說故事，是因為大鵬灣曾是日軍的水上基地，因此當地有不少日本觀光客。由於該繪本有日文與英文，大鵬灣國家風景管理處還將這本書當作觀光客的導覽書。

《斑斑的大海奇緣》書裡的彩繪，全是孩子做的紙黏土，屬於才藝社團學生的集體創作。後來這本書不負眾望，榮獲「屏東縣海洋教育繪本競賽」特優獎，目前還準備參加全國的「家鄉繪本競賽」。

校長室一隅堆滿學生做的紙黏土，而這些作品都被裱框起來，顯得特別受到尊重。孩子看到自己的作品被裱框，又被印刷成冊，那是怎樣的一番滋味呢？這也讓眾人見識到，崎峰國小的才藝社團與暑期教案，並不僅是打發時間而已，從校長、授課老師到學生參與的態度

紙黏土社團的學生用巧手捏塑出栩栩如生的魚兒。

可以知道，他們既能輕鬆玩，也能認真做。這種才藝與正課均衡發展的教學態度，值得做為全臺灣學校的楷模。

至於發展羽球、扯鈴、舞蹈等運動課程，則是源自於郭希得的細膩觀察。他發現許多學生沒有好好吃早餐的習慣，而是把家裡給的餐費拿去買零食。為了鍛鍊孩子的身體，這些體育社團應運而生。

幫學生解決問題不遺餘力

不僅如此，郭希得校長還做了充滿三好精神的一件好事，那就是直接在校內設立「牙醫門診」。

這事的起因是學校保健室護理師想要請辭，她認為自己在崎峰國小工作十年，竟然連學童的齲齒都處理不好，因此很沒有成就感。確實，崎峰國小學生的蛀牙率高於全縣與全臺灣平均值，這是因為林邊鄉的牙科診所不多，掛號不容易；加上此地多半是由老人照顧小孩的祖孫家庭，祖父母很容易忽略孫子女的牙齒，因而導致小孩的牙齒普遍不好。

為了挽留這位經常幫忙顧頭顧尾的好同事，也希望能解決學生的蛀牙問題，郭希得不畏困難，直接找上屏東縣牙醫師公會，告知學校碰到的困境。結果校友們十分慷慨，不僅捐了一臺牙科診療椅給學校，並且派遣牙醫師每個月駐點兩次，學生只要憑健保卡就可以看牙。

在二〇二一年，這位替學生到處找資源的校長，又做了一件值得讚譽的好事。當時臺灣疫情大暴發，郭希得竟然在半個月之內，緊急為全校學生（以家庭為單位）各募了一臺電腦。

猶記得政府在五月時突然公告：全國學校停課不停學，但偏鄉小學的學生家裡幾乎沒有電腦設備，根本無法執行。郭希得為了應急，先將學校能出借的電腦全部借給學生，但仍然不敷使用，而且這些電腦屬於公物，之後還是要歸還。他得知有學生家裡總共三姊弟，都是用爸爸的手機上課，但手機絕不是合適的學習工具，心想，「等疫情結束，這些孩子的近視勢必會大增。」並因此意識到，學校必須要讓每位學生都有不必歸還的電腦。於是，郭希得就這樣展開了募集行動。

他先向北部各家企業募得二十五臺全新電腦；再向綠色奇蹟公益服務網、華碩電腦等公司募得二十餘臺再生電腦，半個月內湊得五十臺電腦，分送給全校學生，效率高得令人瞠目結舌。

那段時間，郭希得每天都在與時間賽跑。原本綠色奇蹟的二十臺再生電腦需要花一個月整理，但郭希得只是說：「學生的學習無法暫停。」為此，對方緊急招募人手處理，半個月就把電腦送來。當老師缺乏鏡頭設備，難以應付線上需求時，校長依然說：「學生的學習無法暫停。」這時，「全聯佩樺圓夢社會福利基金會」贊助的兩萬元，順利替學校解決了問題。

為全校學生安裝電腦與網路

然而，最大的問題不在於電腦，而在於網路。由於學生家裡普遍沒有Wi-Fi，所以郭希得校長教家長如何使用手機的網路分享功能，但只要家長帶手機出門去上班，小孩就沒辦法上課。於是郭希得又把腦筋動到阿公、阿媽收看的第四臺。不過有學生家裡連第四臺都沒有，他只好設立課程暫存區，讓家長回家再陪孩子補課。

在那個月，每當老師反映某個學生家裡網路有問題，他就得出馬解決。郭希得通常上午在校觀看老師線上教學，下午登門處理各種網路疑難雜症。但一個人難免分身乏術，不得已之下只能要求班導分頭幫忙，部分老師因為疫情的壓力而情緒反彈，抱怨道：「萬一染疫了怎麼辦？」這是相當沉重的責問。但老師的顧慮也沒有錯，面對這種壓力，他必須扛著；有少數學生家長擔心孩子沉迷於電玩，抵死不讓學校裝電腦，面對這種臉色，他也必須扛著。

面對疫情，郭希得當然也是戒慎恐懼，但是為了學生，即使屏東曾一度暴發群聚事件，他依然挨家挨戶解決問題。在那段日子，他與老師們「現學現賣」，一邊學習電腦知識，一邊解決所有突發狀況，終於在半個月內，順利搞定全校學生的網路問題。或許是因為崎峰國小的老師們太勇敢，意志力太堅強，以致連病毒也繞道了吧！

郭希得在安裝電腦與網路的過程中，意外發現許多學生家中的讀書環境根本不及格。家訪時，他看到有學生躺著看手機上課，還有許多學生家裡連張書桌也沒有，這讓他內心頗受衝擊，「沒有書桌，要如何讀好書呢？」因此，在登門裝電腦與網路之前，他還必須先幫學生找一張堪用的書桌。如果真的找不到，就把學校報廢的舊桌椅送過來，「至少學生在家裡有可供學習的桌椅了。」

或許是郭希得毫無保留的付出，以及碰到困難絕不放棄的態度，深深感動了老師，進而帶出了轉變。疫情期間，崎峰國小可以說對全校學生進行了地毯式家訪，從中發現不少問題。等到疫情趨緩後，學校老師也主動對一些需要特別關心的孩子，繼續進行家訪追蹤，這讓郭希得感到相當欣慰。

回顧這段過程，郭希得認為自己最大的收穫是「能全盤了解全校學生居家的學習狀態」。至於這種不畏艱難、到處找資源、不達目的不罷休的做事態度，他不覺得有什麼可誇的，並且認為自己之所以能完成目標，不過是因為「天道酬勤」罷了。

臺灣就是需要這種「天道酬勤」的老師與校長，只有充滿理想、不怕麻煩、頭腦靈活、充滿行動力的教育工作者，才能改變學校文化，點燃臺灣教育的新希望，讓偏鄉也能變成豐鄉。

第二章

均頭國中：三好老師成就三好學生

「慈悲願力」的三好精神，
能改變孩子命運，
讓徬徨靈魂走上正確道路，
散發他應有的光芒。

由佛光山設立的均頭國中位於南投縣埔里鎮，其中存在著兩段精采的三好故事，主角分別是張金城老師與畢業生黃于原，以及林麗淑老師與她的學生。這兩個故事就像是「三好校園」的精華切面，呈現出臺灣基礎教育的希望與美好。

拒學的資優生需要成長空間

就讀法國科技大學數學系的黃于原，容貌清秀，留了頭捲髮，身高據說有一百九十公分，是標準的型男。但這位內外兼備的學生，國一時卻是黃媽媽的心頭痛。那時黃于原抗拒就學，若非均頭國中收留，很可能已成為傳統教育制度下的犧牲者。

黃于原拒學的原因，與他太聰明有關。和其他孩子不同，早熟的黃于原小小年紀就開始思考人生。他閱讀大量的課外讀物，對人生充滿疑問；為求不得、愛別離而苦；同時也質疑自己的人生定位。然而，學校無法解決他的疑問，身邊又乏人討論，令這個苦悶的孩子失去了上學動力。黃于原渴望改變生活方式，卻不知道新的生活是什麼，就這樣卡在人生的難題裡動彈不得，不斷請病假逃避上課。最後，他因為曠課達三百小時，面臨非轉學不可的境地。

這個太有想法又叛逆的孩子，令黃媽媽苦惱不已，她唯一能做的，就是到處求神問卜。由於黃媽媽懷胎時經常誦唸《普門品》，因此對觀世音菩薩特別有感應，逢此關頭，她就跪在觀世音菩薩前祈求。這時佛光山經營的私立學校均頭國中，以及佛教徒老師張金城出現了。起初在學校面試時，黃于原並未入選，但張金城見這孩子有股靈秀之氣，為之力保，因此扭轉了這位少年的命運。

均頭國中位於南投山間，需要住校，這滿足了黃于原改變環境的心願。但一開始他並不適應，經常吵著要回家。據黃于原回憶，當時他渴望享有一個自由空間，能讀自己的書，做自己的探索，以及有一起討論的師長。均頭國中並非一所體制外學校，因而讓他以為這裡又是一個大同小異的地方。但他在和導師張金城經過多次深談後，發現這位老師不太一樣。張金城很開明，僅要求黃于原的課業學習必須跟上學校步調，其他方面都可以有彈性。對黃于原來說，成績從來不是問題，於是這個倔強的孩子決定留下來試試看。

黃于原表示，扮演一個被世俗認可的正常小孩其實不難，「只要演一下就可以了，但我當時連演都不想演。」他期待大人能看懂自己拒學的背後，隱含了一個小孩渴望成長的衝動，而不是給他貼上負面標籤；他期待一個不被大人干擾的生活，一個以自己方式成長的空間；他希望能「接納自己」，也「被人接納」。直到現在，黃于原仍有許多自己的想法，但至少均頭國中給出空間，讓他能以舒服而非反抗的方式來表達。這份遲來的尊重，讓這位叛逆小子感到無比珍貴。

張金城老師的尊重教育

感受到被尊重的黃于原，很快就融入均頭國中的大家庭裡。住校生活讓他學習如何與人相處，他說：「一個房間裡住八個人，難免會有衝突，但均頭與校外孩子最大的差別，就是大家都意識到吵完了必須和好，因為還要一起生活下去。」

此外，張金城老師的班級還有一個規矩：每天早晨，老師會帶領全班一起誦唸《普門品》。均頭國中雖然是佛光山創設的學校，但宗教色彩並不濃厚，因此這是黃于原在均頭國中碰到少數與宗教有關的規定。然而，這個每天固定抽出十分鐘，專心做一件事的習慣，讓他感覺很受用，甚至相當歡喜，「就像每天的一個提醒，告訴自己要變得更好。」

張金城猶記得當初黃于原報到時的模樣，「乾乾淨淨，循規蹈矩，顛覆一般人對拒學孩子的印象。」他還發現黃于原很聰明，程度明顯比其他同學好。當時，他帶著七年級學生一起讀《天龍八部》，沒想到黃于原早就讀過了。更令人詫異的是，這孩子在小學四年級就已經自修完《易經》。

張金城知道，對於一個明白自己想要什麼的優秀孩子，該做的是陪伴而非介入，於是他決定順其本性，放手讓他自由成長。張金城也建議其他老師，直接讓身材高大的黃于原坐在最後一排，至於他想要做什麼，就隨便他。

黃于原表示，每晚有三堂自習課，由於學校允許他自行安排時間，他就挪一堂來閱讀自己想看的書。因此，他在兩年內讀了非常多課外讀物，而這些書都是趁著週末一箱一箱帶上山的。在學校課業方面，由於黃于原幾乎沒有好好學過國一課程，於是他自訂複習計畫，把過去一年的功課補回來。張金城還記得，他在寒假結束後請黃于原分享自己的複習狀況，這孩子竟然問全班同學：「我已經複習了七遍，你們呢？」

此外，張金誠擔心班上同學的英文程度不好，便邀請英文特別好的黃于原與他攜手合作，一週各自負責兩天，利用第十二節課替全班同學加強英文，成功把全班的英文程度拉抬起來。

張金誠不但讓這拒學的孩子融入學校，還成功建立他在學校的榮譽感與成就感，甚至讓其他學生因此受益。在均頭國中的包容下，黃于原興高采烈長出了自己的樣子，還反過來讓老師們讚賞不已。

三好老師言行如一

黃于原的英文為何如此優異？他只是笑道：「是基因中樂透了。」另一個潛在原因是，他心裡似乎早就明白臺灣的教育體制並不適合自己，希望將來能出國讀書，所以一直對英文特別上心。在均頭國中的畢業典禮上，黃于原上臺全程以英文致詞，連演講初稿都是自己擬妥，再給老師修潤。那天，黃媽媽眼角帶淚說道：「于原若不是碰到張老師，可能連國中都畢不了業。」

二〇一五年會考結束，黃于原主動向老師預估成績是5A10＋，放榜時，他果然風光以滿分錄取臺北建國中學。

上了建中後，黃于原成績依然亮眼，尤其在數學方面嶄露頭角。一年後，他先後去美國、英國就讀高中，還多次獲得數學競賽第一名。到了高中畢業，他成功申請到哈佛、劍橋、多倫多等頂尖大學的入學許可，最後由於法國巴黎科技大學願意提供幾近全額的獎學金，黃于原因此決定赴法就讀。

回顧這段歷程，一如黃媽媽所言，若非均頭國中與張金城老師，這位資優生很可能會因為過不了國中那道檻，平白葬送美麗的大好前程。遇見張金城，確實是黃于原的人生轉捩點。

在訪談裡，黃于原數度讚美恩師：「心口合一，言行一致，讓人心服口服。」也因此，這位桀驁不馴、特立獨行的資優生，終於甘願回到學習常軌。

除了給予黃于原所要的尊重外，張金城又是如何讓黃于原反過來認同自己呢？他僅回答：「一如往常。」似乎不認為自己有多做什麼。他追憶自己剛到均頭國中任教時，第一件事就是到圖書館閱讀星雲大師的書，了解大師的辦學理念。多年來，他總結大師的教育理念，「願力有多大，事業就有多大。」「能把學生教好的，就是好老師。」因此他秉持「慈悲願力」教學，十七年如一日。

張金城表示，對黃于原這種聰明絕頂的孩子，是不能用騙的。換言之，他承諾黃于原的事，都必須確實做到；他要求學生的三好品德，自己也必須履行，否則絕對得不到學生的尊重。

張金城讓黃于原很服氣，也讓他在回歸正軌以後，轉而成為均頭國中的榮耀。這是一個偉大的使命，也是一位老師在執教生涯裡的重大成就。張金城貫徹「慈悲願力」的三好精神，成功改變一個孩子的命運，讓徬徨於人生歧路的優秀靈魂走上正確道路，散發他應有的光芒。

與學生親如家人的林麗淑老師

如果說張金城老師是學生的貴人，那林麗淑老師則是學生的慈母。林麗淑非常受均頭國中的學生喜愛，而她受歡迎的程度，可以從一場意外獲得印證。五年前，林麗淑騎摩托車時不慎摔傷，造成右鎖骨骨折而行動不便，有一群十九、二十歲的畢業生因此主動來照顧老師，幫助孤家寡人的她度過這一關。

在林麗淑受傷當天，學校安排她暫時住校，以便就近照顧。隔天早上八點，她的床邊已圍滿一群年輕女孩，她們都是林麗淑以前的導師班學生，有的已經在工作，有的還在讀書，即使畢業多年，師生感情依然熱絡。

這些年輕人得知老師受傷後，奔相走告，第二天一大早就趕來南投探望恩師。為了方便照顧，她們堅持將老師接下山，並且一口氣排了兩週的班表，輪番照顧老師。這些學生張羅三餐、打掃清潔、安排醫療，把老師當家人看待。其實在老師受傷之前，她們每隔一陣子就會來探望老師，帶老師去聚餐或出遊，再忙也會來通電話，關心老師有沒有好好吃飯。

一群畢業生竟如此關切老師，實在令人難以置信。尤其是年輕人願意找年紀落差很大的師長出遊，更是讓人驚訝。難道她們都不怕長輩東管西管嗎？一位學生張家瑜說道：「麗淑老師一點也不古板，與我們毫無代溝。」並表示這位老師甚至能跟她們一起玩桌遊呢！

林麗淑因為曾在國外居住過一段時間，對學生的態度很開明，而學生並沒有喚她老師，而是直呼其名。原本她們是私下偷偷這麼叫，沒想到老師知道後竟不以為意，於是她們就公開大方稱呼了。在老師的授意下，這些女學生當場表演這一幕，拉高嗓門喊著：「麗淑——」尾音拉得特別長，惹得哄堂大笑。

擔任學生的愛情顧問

絕大多數老師都反對國中生談戀愛，林麗淑老師卻不然，她不僅會當學生的軍師，還為她們分析戀愛對象的優缺點。另一位學生詹涴婷表示，她當年曾跟老師分享自己的戀愛故事，而且斬釘截鐵說：「不只是我哦！很多人都有告訴老師。」後來她上大學失戀了，曾打電話向老師哭訴，「老師提供許多實質建議，告訴我那個男生有哪些缺點，遠比一般大人所說的空話更有幫助。」

對此，林麗淑分享道：「做為老師，就要放低身段去了解學生的心情，看到孩子的需求。」她常提醒自己：「不要自以為無敵，可以去改變別人。這些孩子缺少的是陪伴。老師的責任是引導學生不要走偏，這樣就可以了。」這是非常新潮的教育觀念，難怪女學生願意把祕密告訴她。

面對小女孩情竇初開，林麗淑則是提醒她們：「均頭國中太小，選擇太少，外面還有很多好男生。你們還年輕，要多看看，現在的都是參考對象。如果覺得對方很好，就記得他的好；如果緣分不夠，將來就找擁有同樣優點的人；如果對方不好，以後要謹記避開這種人。」她以過來人的經驗和學生談心，而不是老套的八股教訓，特別能打動青春期孩子的心。

林麗淑老師與學生親如家人。

林麗淑對學生的苦惱感同身受，透過同理孩子來分享許多人生道理。由於詹涴婷當年是學校的風雲人物，林麗淑為此曾提醒她小心「樹大招風」，而這觀念在進入職場後仍然受用，讓她很是感激。

林麗淑在第一天與學生見面時，都會開誠布公告訴大家：「我站在這裡，不是來找學生麻煩的，你們有任何問題找我，我都願意傾聽。」這些女學生開玩笑說：「我們把老師當 Google 用。」這句話引起一片笑聲，大家都覺得這形容太傳神了。

像媽媽一樣的老師

林麗淑老師對孩子的真心付出，也讓人佩服得五體投地。為了培養學生的閱讀興趣，她建立了一個「班級圖書館」，只要有學生反映書籍讀完了，她就馬上去補貨。在詹涴婷、張家瑜畢業那年，這座圖書館的藏書已高達五百本。

在國三考前衝刺期與每次段考前，只要她們留在教室自修，不放心的林麗淑總是一路相伴，直到晚上十點才下班，而她的陪伴並非只是在旁邊看著，還經常為學生準備宵夜。

說起此事，女學生們都津津樂道。林麗淑經常準備宵夜或下午茶，學生們還能點餐，指定品項。萬一老師實在太忙，則會買現成的，而且從來不讓她們失望。有陣子學生相當熱中香蕉蛋糕，林麗淑說：「你們帶香蕉來，我就做。」其實香蕉是最便宜的，她自己還要準備核桃、葡萄乾、麵粉等材料。做好後也是讓學生先吃，如果有剩才給自己的小孩吃，就連她的兒女都抱怨，媽媽對學生比較好。

此外，林麗淑在教書上也是「買一送一」。由於林麗淑教英文，先生教數學，因此她會拉著丈夫來替學生補數學。師丈為了讓學生腦力激盪，常常故意出一些難題考她們，答對的人，師丈就請吃飯。詹涴婷說：「我們為了能吃飯，連下課都忙著解題。」而她自己前前後後也因此吃了好幾頓飯。林麗淑不只自己對學生付出，還帶著全家人一起付出，這種精神與其說是老師，不如說更像母親。

訪談當日，師生們還憶起一個精采片段。某日，有位不安分的學生翹課逃出教室，滿頭白髮的林麗淑緊跟其後拚命追趕，在操場上演一段「魔法阿媽追學生」的情景。學生一直想甩掉林麗淑，但她咬緊牙關不放棄，兩人就在操場上一直兜圈子，跑了好長一段時間。最後，學生終於認輸，無奈回到教室，對她說：「我真是服了！不知道你這麼會跑。」此話一出，全班大笑。林麗淑打死不放棄，全是憑著一股信念：「就算拚了老命，也要把學生追回來。」這種鍥而不捨的精神，真的跟媽媽找孩子沒有兩樣。

林麗淑確實將自己對兒女的愛，轉移到學生身上。九二一大地震那年，她的兒子因病過世，林麗淑說：「希望把兒子沒獲得的愛，全都分享給學生。」她將小愛昇華為大愛，著實令人感佩。

教學生脫困的方法

林麗淑老師也曾遇過一個拒學的孩子。這名學生自認程度不好，想留級重讀。母親開車送她上學，沒想到她拒絕下車，雙方就在車上僵持四個小時。第二天上學依然如故，讓大人傷透腦筋。因此，林麗淑對這孩子進行各種開導，還請成績優秀的同學組成一個「輔導團」，幫助她學習。與此同時，她也買親子教養書籍送給學生的母親，幫助她們改善親子關係；更邀請這位媽媽在寒冬時送熱薑湯到班上，幫助封閉的女兒開拓人際關係。在她溫情的陪伴下，學生終於解開心結，融入團體且步上正軌。後來她考上私立高中，現在也已從國立大學畢業。

此外，林麗淑也幫助過一個成績頂尖的學生。由於這孩子的父母非常嚴格，要求他每科都要滿分，即使考九十六分，他都哭著不敢回家，個性也因此非常緊繃，對分數斤斤計較，人緣很不好。她心疼這位資優生的處境，在開導之餘，還教他可以利用本身的優勢，輔導同學功課，以此改善自己的人際關係。後來考基測，這學生只被扣了兩分，其他各科皆獲滿分。全班沒有人嫉妒，都由衷為他開心，因為大家都曾受過他的幫助。如今，這位學生已是長庚醫院的醫師了。

無論學生的成績表現如何，林麗淑的關心一視同仁，因為她關注的不是成績，而是孩子快不快樂。最重要的是，她不只說大道理，還付出實際的行動。林麗淑帶領的導師班總是特別團結，據她所說，學生寧可全班一起上臺，也不要個人表演。因此，當她邀請全班幫助特定的同學時，所有人都欣然配合。一旦整個班級都願意接納一個孩子，就很容易讓那受困的心靈走出來，問題就會比較容易解決。

林麗淑的三好觀點是：「不特別鼓勵學生追求成績，而是鼓勵他們成為一個願意助人、主動付出的人。」

把三好落實在生活裡

林麗淑老師特別強調「生活細節即修行」，例如一般人都不喜歡掃廁所，因此她會特別獎勵願意掃廁所的人。當孩子打掃完畢時，她不做任何評論，也不理會學校的審查標準，只是問學生：「你自己滿意嗎？」畢竟清潔得如何，每個人心裡各有一把尺，但只要符合良心就能過關。因此，由她班級打掃的廁所向來都是五星級好評。

林麗淑老師對打掃工作的標準，就是「把學校當自己家」。詹涴婷猶記得老師當年帶大家擦地板，是跪在地上用抹布擦。學生都同意這樣做真的比用拖把乾淨。因為老師要求高，學生也特別認真。張家瑜打掃廁所，會在前一天先用鹽酸噴馬桶，隔天才來刷洗。她還會用牙刷洗水垢，把水龍頭洗得亮晶晶的。幾個女學生興奮表示，每當她們認真付出後，老師就會請吃酸菜包當獎勵，所以三好生活習慣很快就建立起來了。這些有趣的國中生活點滴，同時培養了三好習慣，瞧這些女孩說個不停，可見她們那時確實非常快樂。

在用餐之前，林麗淑會帶學生誦唸四句偈：「慈悲喜捨遍法界，惜福結緣利人天，禪淨戒行平等忍，慚愧感恩大願心。」做為日常生活的提醒。她也告誡學生：「當菜菩薩、肉菩薩供養自己時，還能浪費嗎？」因此班上的廚餘一直特別少。在每天早課時，林麗淑還會帶學生誦《心經》，幫助他們專注定心，這些都是非常好的三好習慣。

林麗淑的丈夫在五年前先走了，女兒則旅居美國，因此她笑稱自己是獨居老人。但即使退休了，她依然在學校當義工，兼課教英文，一點也不寂寞。她的課數不多，每天仍然一早到校。林麗淑告訴校長：「如果有一天學校不需要我教書了，我就到圖書館當義工。」這是多麼美好的三好品格。這位在均頭國中創校即任教的元老級老師，不僅熱愛教學，更將一生奉獻給學生。所以當她生病時，學生們將她當成母親一般照顧，就完全不令人意外了。

第三章

塗城國小：三好校園實現童話美夢

老師成為三好老師，
學生變成三好學生，
將「好話」融入生活，
實踐愛的循環，散播三好能量。

臺中市大里區塗城國小具有一些傳奇色彩，因為它扭轉一個不可能的事實，讓聽聞者都瞪眼直呼不可思議。原來，這是一所被地震震垮、學生人數日減的老學校，卻花了七年時間重新翻轉，如今塗城國小已增加八班，還吸引跨區前來就讀的學生，儼然已是臺中市的熱門小學。究其祕訣，正是把學校變成「三好校園」：老師成為三好老師，學生變成三好學生。

講起此事，劉淑秋校長滿心歡喜，她帶領大夥參觀這所精心布置過的學校，並且強調所有設計皆源於王聖文老師的創作。

一個公共電話亭彩繪成貓頭鷹小屋，而且命名為「好話亭」；校園穿堂的地板則以３Ｄ立體彩繪成一座池塘；長廊到處宛如生態公園，立體的木製綠樹倚牆而立；廁所若不是入口矗立一棵童話樹，就是變成一間糖果屋；樓梯間畫滿繪本裡的彩頁，當孩子閱讀牆上的圖畫而來到頂樓的圖書館時，會發現大門是一座城堡的入口……這就是童話世界塗城國小。

在參觀這所努力營造環境氛圍的學校時，沿途總會聽到「校長好」、「客人好」的童聲絡繹不絕，似乎透露了這所學校搶手的原因。

塗城國小對三好運動的經營方法琳琅滿目，而其中三項最有特色，即食農教育、以雲端城堡圖書館為主軸的閱讀教育，以及全校的三好教育標竿——蔡淑惠老師。

食農教育讓孩子親近泥土

塗城國小占地不大，校方卻十分有心，將兩處畸零地整理為農地，讓中年級學童能體驗種地之樂。當天，代表受訪的兩位四年級學童龔芯霓、張芷貿，就是負責澆水與施肥。只見嬌小的兩人將雙手撐在高及他們胸口的會議桌上，露出稚氣未脫的臉龐，講起話來很是可愛。

龔芯霓一上來就展示了「不宜在正午澆水」等栽植常識，讓人大為讚賞。她滿是得意的強調，以前自己幫媽媽洗花椰菜，看到菜蟲時會尖聲大叫，但經過兩個學期的訓練，她和同學已經敢在菜園裡抓菜蟲了。張芷貿也頻頻附和，他以前覺得泥土很髒，現在則完全不嫌棄。龔芯霓又補充一句，「原來土壤裡的菜蟲並不多。」顯然這與她當初的想像並不一樣。

因為熟悉了土壤，不再排斥泥土，有機會他們也敢把玩泥土。龔芯霓以前沒有玩土的經驗，現在她會用模具裝土塑形，就像在玩黏土一樣。不過她那還沒有種菜經驗、年僅五歲的妹妹，只會滿臉嫌棄在旁邊直呼噁心。至於張芷貿則是玩小男生喜歡的典型遊戲，「抓土丟我的弟弟。」話一出口，讓在場的人都哈哈大笑。

這兩位小朋友一致同意，種菜比想像中有趣多了，而這對他們最直接的幫助，就是認得的餐桌菜色比以前多。他們種的菜有福山萵苣、韭菜、茄子、茼蒿、蔥。蔬菜成熟後，老師還會帶著他們拔菜，教他們做蔥炒蛋、炒福山萵苣，因此連帶讓龔芯霓覺得：「廚房和做菜好像不像以前那麼遠了。」

說起種菜最大的收穫，兩位小朋友一本正經說道：「我們了解到農藥對生態環境的破壞，建立了健康的飲食觀念。知道媽媽做菜很辛苦，農夫種菜也很不容易，我們應該要更愛惜食物。」感覺他們頓時長大不少。

但更令人訝異的表現還在後面。張芢貿說：「種菜最開心的事，就是看到植物長大的成就感。」但等待植物長大必須有耐心。他自認個性很急，若說種菜改變了他什麼，那就是「變得更有耐心」。過去，他在等吃飯很慢的弟弟飯後一起出去玩時，總是一催再催；現在，他比較能坐得住並慢慢等了。

另一項改變則是，「同學們比較會互相幫忙。因為澆花與施肥

食農教育讓孩子親近泥土，了解到農藥對生態環境的破壞，建立健康的飲食觀念。

是全班的工作，大家必須分工及互相提醒。」對於偷懶的人，「我們就去報告老師。」龔芯霓一副義憤填膺的樣子，顯然團隊裡負責的觀念、彼此督促的規範都已經建立起來了。他們都同意，因為種菜，好像「全班的個性都有點改變了」。

為了實際需要，兩位小朋友都在圖書館閱讀與種菜相關的書籍。龔芯霓並不愛閱讀，「書好厚啊！」她搖頭說：「但媽媽借來了，只好努力去看，結果發現讀完以後很有收穫。」而這些經驗也讓她一改以前的態度，會在假日時充當小幫手，協助大人整理家裡的植物。

兩位學生的家裡都有養魚或養狗的經驗，很有意思的是，他們都體認到，種菜就像養寵物，植物照顧久了也會有感情。龔芯霓在放寒、暑假的時候，還會關心有沒有人為植物澆水，這也是一種樂於關懷與付出的表現。

食農教育看似平凡，卻已經涵蓋所有的品格教育。透過這兩位小朋友的分享，可以證明在一場種菜活動裡，許多三好習慣都默默培養了起來。

讓學生有參與感的圖書館

另一個改變學校基因，將學生變成三好天使的魔法棒，則是塗城國小的「雲端城堡」圖書館。這裡確實令人十分驚喜，因為一般國小可能只有圖書室，鮮少直接設立一座圖書館。「雲端城堡」圖書館的環境相當友善，學生能夠在閱讀桌看書，也可以席地而坐；館內的書架則是依照孩子身高設計，讓取書更為方便。

參觀圖書館當天，館內矗立一座書籍高塔，讓氣氛頓時活潑起來。這座書塔當初是由曹嘉華館長和學生一起布置的，為了安全把書堆高，她跟小朋友們做了各種討論，才共同完成這項艱鉅的任務。

圖書館也是提供學生服務學習的重要場域。二〇二一年，「雲端城堡」的改造整修及書籍分類上架，就是仰賴學生上「閱讀課」與義工的課餘時間，一起分工完成的。「五萬多本書，只利用一天半就上架超過半數，頗具效率。」曹嘉華欣喜述說整個過程：「由於孩子們參與了整理過程，對圖書館也多了份感情。有些孩子則在上架的過程中，順便選定自己想要借的書，真是一舉數得。」

至於圖書館的管理也很有技巧，館內書籍既能內閱，也可外借。學生來借書時，會先在原本位置放上一個夾板式書插，這樣之後歸位就不容易放錯。圖書館入口有三排書插整齊掛在牆上，這可是一般兒童圖書館看不到的特殊景觀。顯然，「讓學童參與」正是這座圖書館的特色所在。

為了鼓勵學生讀書，圖書館也將書籍送到各班去。每個班級都有兩個「彩虹書箱」，其中一個是自行挑選，另一個則是學校指定。指

「雲端城堡」圖書館讓學生擁有舒適的閱讀環境，他們在這裡上課、閱讀，並且參與圖書館的事務，進而養成閱讀習慣。

定書箱是由一位小義工與同年級的老師一起負責挑選，而且會每月輪替，在各班之間遊走。曹嘉華推估，「使用這個方法，學生在畢業之前，至少能閱讀到九十八套不同的書籍。」

此外，圖書館又制定「閱讀滿一百本，自由兌換一本漂書」的政策，如此一來，連淘汰的書籍都能充分利用到。

讓曹嘉華感到欣慰的是，「有一次，有六位六年級的同班同學，決定合力兌換一套書，放在教室給全班同學閱讀。」此舉為「雲端城堡」圖書館增添了一段三好佳話。

圖書館的三好故事

曹嘉華館長注意到，圖書館又上演一個新的三好劇情。有位班導為了鼓勵拒學的學生劉辰睿上學，因此將幾盆植物捐給圖書館，並且指派辰睿專責澆水。辰睿透過植物的陪伴，每天盡責完成自己的任務。現在，只要看到辰睿出現在圖書館，曹嘉華就多一份安心，因為這意味著這位學生如期上學了。

這裡雖是一座圖書館，卻經常發生動人的小故事。也難怪塗城國小曾因此榮獲全國教育部「閱讀磐石獎」，以及教育部二〇一八年度推動「閱讀績優」的閱讀推手團體組與閱讀推手獎。

相較於那些和圖書館無緣的人，塗城國小讓圖書館成為學童生活的一部分，他們在這裡上課、閱讀，並且參與圖書館的事務，進而養成閱讀習慣。將來他們長大了，走進社區圖書館就不會感到陌生，閱讀也更可能成為一生陪伴他們的習慣。

此外，塗城國小還有「雲水書坊－行動圖書館」一學期到訪五至六次的「說故事時間」、固定週一晨間的「讀經時間」，以及週四晨間的「閱讀時間」。義工媽媽陳如華表示，為了準備四十分鐘的讀經課，她也不得不努力充實自己。在讀經內容方面，小學低年級是《弟子規》與《三字經》，中年級是《唐詩三百首》，高年級則是《論語》。

在這些經典的薰陶下，孩子的競爭力也增加了。陳如華的親身感觸是，「塗城國小的學生程度特別好，有些低年級孩子就有中年級程度了。」

蔡淑惠老師的心智圖教學

在蔡淑惠老師的班級裡，這種「學生程度好」的感受尤為明顯。這位全校公認的資優教師為教學所付出的心力，就表現在學生頂尖的素質上。

蔡淑惠最被推崇的教學方式，就是教學生畫「心智圖」的作業。採訪當天，班上有四位學生展示他們的作業，內容是《人間福報》讀書心得。學生要先將文章的重點以「輪狀式樹狀圖」標示出來，也就是以這篇文章要傳遞的核心思想為軸心，再讓不同的論述觀點做為樹狀分支，條列整理出來，然後搭配插畫與文章加以說明。

這種作業與傳統淨是文字的功課截然不同，每個作業都宛若一幅作品，有美術訓練、寫作練習、版面構思，以及擷取重點等能力鍛鍊。這樣的作業想必很耗費時間，不過實際詢問學生，他們的反應是「熟能生巧」。像這樣的作業，一個學年大概要繳交八篇。

更讓人震驚的是，老師認為光是這樣還不夠，甚至要求全班每位學生將作品做成電腦投影片，並且舉辦心得發表會，邀請校長和其他老師來參加。活動現場熱熱鬧鬧、風風光光，還招待水果與點心。因此，小朋友又從中訓練電腦技巧與口語表達能力，而且累積舉辦活動的經驗。

這不只是一項作業，更是綜合能力的訓練，小朋友因此獲得多種能力的栽培。

那麼，孩子們本身又是怎麼看待此事呢？所有學生都強調，他們不只從《人間福報》的文章內容受益，也在寫作業的過程裡學會抓重點。戴菂軒胸有成竹表示，自己因為這樣，「開始看懂每篇文章到底想表達什麼，再內化為自己的重點。這個方法對於考試，特別是文字量多的社會科非常有用。」

陳奕芯則清楚分析自己的整理技巧，她嘗試用條例式、心智圖、畫圖式等方法整理重點，而重點下方還能再分層次。這個作業讓班長蘇有安體會到觸類旁通、舉一反三，「這就有如算數學，不同途徑都能得到相同的標準答案。因此要學會轉化老師的方法，再找到自己的方法。」

這些學生的分享簡直嚇壞現場所有大人，因為他們的心理成熟度與表達能力，早已遠遠超出一般小學生了。

將「好話」融入生活

「畫畫」通常都被視為術科，而且不那麼受重視，但對蔡淑惠老師的班級而言，這卻是必要的表達工具；而孩子們也在其中得到許多成長，特別是普遍大幅提高「對生活的觀察力」，陳奕芯形容這「就好像用畫畫寫日記」。戴筠軒曾負責「人間福報心得發表會」的活動海報，她的畫作特別細膩、生動，頗有公主漫畫的風格。她在海報裡畫出老師、圖書館長、校長，竟然連人物的耳環、髮型等細節都沒有遺漏，大家看完都驚呼起來。

然而，並非每個孩子都像戴筠軒那麼有繪畫天分，難免擔心其他孩子會因此有負擔。對此，陳奕芯的回答相當睿智：「只要願意不斷嘗試就行了，就像也不是每個人都喜歡閱讀啊！為了完成作業，不會的就問老師、問家長，自己找資料自己做，只有嘗試過這麼多事以後，才會得到最大的收穫。」

學生之所以會說出這些充滿正能量的答案，是因為蔡淑惠喜歡以身作則，經常耳提面命，對學生們說對仗工整的好話，例如「積極主動，服務創新」、「勇於承擔，樂於配合」，以致於學生對這些好話也都琅琅上口。

蔡淑惠在每次開學前，都習慣帶學生主動為低年級的學弟妹洗電扇、清水溝，看到學校有需要整理的地方，她也會自掏腰包買油漆，帶著孩子去粉刷。做完服務後，她還要求學生向被服務班級的老師道謝，謝謝對方給自己服務的機會，並表示「做中學，學中覺，覺中悟」。當學生參加各種競賽時，她會告訴他們：「過程用心，結果隨緣。」

此外，蔡淑惠也要求學生每天要在聯絡簿記錄一句好話，以及感恩一個人。因此隨手一翻，都會看到「以慈待人，以儉惜物」、「有禮走遍天下，無禮寸步難行」、「見賢思齊焉，見不賢而內自省也」等句子。許多孩子受訪時介紹自己的作業，隨口道出「握緊拳頭，只是拳頭；打開拳頭，擁有世界」、「手心向上求助，手心向下付出」……這些好話似乎已完全融入孩子心裡，隨時可以泉湧而出，令在場的人聽了莫不感到驚喜。

實踐愛的循環，散播三好能量

當天還有一位特別的孩子黃語捷，蔡淑惠老師有時喚她姊姊，有時叫她寶貝。在導師心裡，全班二十七個學生當然都是寶，一個都不能少。由於這孩子比較不一樣，所以對她也就特別照顧了。

黃語捷成績不太好，在心智圖作業上，蔡淑惠總一步一步、不厭其煩反覆教導。語捷在國語聽寫考試上拿了零分，但蔡淑惠說：「不會寫沒有關係，只要先會讀就好了。」因為讀久了可能慢慢就會寫了。為了讓語捷願意在寒假時參加補救教學，蔡淑惠特別在上課期間準備她愛吃的鐵蛋與麵條做為獎勵。如今語捷在補救考試時，數學已經能考九十分以上，其他各科也有明顯的進步。因為有老師的鼓勵與示範，語捷變得比以前有自信，全班同學都看到了她的進步，所以連人際關係也跟著變好了。

語捷不僅獲得愛，也懂得回饋愛。有一次，她發現老師心情不好，於是寫了張卡片，「我阿媽說吃糖心情會變好。也給老師一顆糖。」貼心表現讓蔡淑惠深受感動，而這正是她經常掛在嘴邊的話，「這是愛的循環。」

多年來，蔡淑惠不但秉持愛心善待每位學生，也將自己的愛散播出去。她認養了家扶中心的孩子二十五年，還讓自己的子女寫信，跟家扶中心的孩子做朋友。她也會帶每屆學生去老人院表演節目，以此提供長輩娛樂與安慰。

對學生們而言，這種正能量教育模式有非常深遠的影響。陳奕芯描述自己所受的影響，「分享老師的正能量，扮演家人的開心果。與人相處，盡量往好處想。別人惹我生氣，我如果有錯就改進，我如果沒錯也不賭氣，而是冷靜下來並一笑置之，因為老師說生氣傷身。」讓眾人嘖嘖稱奇的是，這段話竟然是出自一名小學生之口，由此可見正能量的種子已經扎根。

蔡淑惠樂於付出的哲學，深刻影響了正在建立價值觀的小學生，甚至遠超出她的想像。一位學生長大後在霧峰國小任職，對外宣稱自己之所以擔任教職，是因為小時候曾遇見一位好老師，所以立志將來要成為「另外一位蔡淑惠老師」。得知此事的蔡淑惠感動莫名，每個聽聞此事的人，心底也莫不深受觸動。教育的偉大之處，在此獲得令人欣喜的見證。

第四章

景文高中：推廣三好，收穫最大的是自己

舉辦三好活動，
讓師生找到自己的價值，
發現自己的能力，
懂得「活在當下」，
體會付出的珍貴。

位於臺北市文山區的景文高中，前學生活動組長陳慧娟是一個不安於現況的人，她希望工作能有新意與變化，想要多做些什麼，賦予學校生活更多意義。在廣泛蒐集資料後，她決定從「三好校園」起步，為自己的職涯及景文的學生，點亮精采的三好之光。在師生共同努力下，景文高中的創意活動備受「三好校園」評審推薦。跟著迭有新意的陳慧娟，以及其愛將黃右亨的思路前行，可以見識到許多有趣活動的誕生過程。他們的經驗富有建設性的指引，值得所有為辦活動絞盡腦汁的師生參考。

為孤獨老人募年菜

二〇一三年，陳慧娟組長開始應「華山基金會」的邀請，參加為獨居長輩歲末募年菜的「愛老人愛團圓」活動，十年來，景文高中的募款能力經常居全國之冠。陳慧娟說：「就算十元也不嫌少。」並且鼓勵學生每天節省一罐飲料錢，幫助長輩吃年夜飯，結果竟在一個月內募得二十至三十萬元，最多的一次還高達四十三萬元。因此，後來「華山基金會」就連舉辦記者會，也都邀請景文高中一起參加。

陳慧娟分析學生募款能力之所以強勁，原因在於班聯會規劃的活動發揮了最大效益。他們將募款活動營造成班級之間的競賽，大家都爭先恐後捐錢，使得募款金額不斷上升。後來陳慧娟也讓校慶的慈善園遊會搭配募款活動，將各個攤位的收入都納入捐款，又把金額推得更高。

為了讓孩子對孤老之苦感同身受，陳慧娟安排學生代表參加一次送餐服務，並且將整個過程拍攝記錄下來，發送給全校學生觀看。學生們看見善款的去處，感受到善行的影響力，參與感變得更強烈，也有助於次年的募款。

景文高中學生參加為獨居長輩歲末募年菜的「愛老人愛團圓」活動。

跨年快閃愛地球

景文高中還有一個頗具代表性的活動，即元旦的「跨年快閃愛地球」，這是誕生於一次臨時起意的活動。當時，陳慧娟組長突然接到一位畢業生杜沛貞的電話，對方將主辦一場跨年撿垃圾活動，由於正值大專生期末考，報名人數不足，他想到高中生離期末考尚有一段時間，於是向母校尋求支援。陳慧娟二話不說立刻答應。她笑道：「若非當時來不及考慮，恐怕不一定能辦成。」畢竟讓高中生三更半夜才回家，老師必須承擔相當大的安全責任。

在同意支援後，陳慧娟馬上通知她最熟悉的四個社團：班聯會、熱舞社、手語社與親善大使社，參與學生加起來大約三十至四十人。她規劃在跨年活動開始前，由熱舞社在臺北市政府周邊的大馬路，定時定點快閃表演街舞與手語，其他同學則手持宣傳板，在周圍宣導跨年「滅」垃圾概念。等到跨年活動結束後，這群學生兵分三路，由陳慧娟與兩位校友帶隊，留下來幫忙撿垃圾。結果這個活動大受好評，得到許多現場民眾的讚賞。與以往經驗對比，在景文團隊加入後，市府前的垃圾明顯變少，清潔隊員因此比往年提早半小時到一小時收工。

回想起此事，陳慧娟認為那時之所以毫不猶豫答應支援，是因為學生的技藝都是現成的，表演五分鐘的街舞與手語無須準備；其次是欣賞完跨年表演，通常都會受困於交通擁擠，一時無法回家，不如利用這段時間做點社會服務，幫助清潔隊員早點下班。

這肯定是一個「三好活動」，唯一會受到家長質疑與擔心的，自然是學生的安全問題。因此陳慧娟在累積經驗後，擬定了兩套學生返家計畫，其中一個是請家長來接送；另一個是商借紅十字會位於附近的場地，讓學生打掃完畢後，有一個聚集休憩之處，由她在現場陪伴到天亮，之後大家再散場回家。當然，她在這段時間並沒有閒著，而是整理該活動的新聞稿與照片，好滿足媒體的需求。因為許多媒體早就注意到景文高中這支閃亮隊伍，臺北市政府也為他們發布新聞稿，陳慧娟乘機為學校宣傳，同時讓學生獲得更多社會大眾的鼓勵。

後來，跨年撿垃圾活動發展得愈來愈周全。為了讓家長放心，陳慧娟不但為學生購買保險，還舉辦了「行前說明會」。到場的家長與民眾紛紛表達認同，甚至以孩子為榮。參與者黃右亨與幾位同學的感想是：「雖然撿垃圾很累，但只要獲得路人的一個微笑、一個肯定，就擁有無限動力了。」

這是一個很聰明的活動，校方掌握了年輕人喜歡表達自我的心態，完成推廣三好理念的目的，並且締造出市政府、清潔隊、民眾、校方、家長五贏的局面。由於「跨年快閃愛地球」的口碑太好，後來甚至成了景文高中的熱門活動，第三年的參加人數已將近百人。可惜因受疫情影響，這幾年暫時停辦。

陪偏鄉孩子過新年

景文高中還有另一個聲譽頗佳的活動，即「陪偏鄉孩子過新年」營隊，這也是陳慧娟組長輔導的校內活動，由扶輪社所屬的「扶輪少年服務團」（簡稱「扶少團」）舉辦。扶少團的骨幹黃右亨指出，該活動是為臺東臺坂國小所設計，扣除交通往返的頭尾兩天，在兩天一夜的六堂課中，三十位偏鄉學童被分成六組輪番上課，最後再以一場成果發表會總結收尾。

為了這兩天課程，黃右亨等年輕人整整準備了一個月。課程主題有的是從既有專長發想，有的是從所學科系挑選適合發揮的題材構思，六堂課分別是：書寫創意春聯、LINE的春節問候語貼圖製作、居家清潔、收納布置、英文歌帶動唱、空拍機賀歲短片製作。

以「居家清潔與收納」這堂課為例，若只是帶著小朋友打掃，肯定會變成令人乏味的勞動服務。這堂課是由室內設計科的同學規劃，他們妥善運用課堂所學，教小朋友繪製空間配置圖，學習空間規劃，接著讓孩子們在景文學生準備的 IKEA 紙箱上彩繪圖案，再以彩繪過的紙箱進行書籍文具的分類與收納。如此一來，小朋友的抽屜都煥然一新了。

對這些高中生來說，將課程概念化為實際教學，是一段費盡心思的過程。在還沒去現場教學之前，他們的學習就已經開始了。

為了讓小朋友能夠聽懂並感覺有趣，他們一遍又一遍模擬與修正。直到上課的前一晚，全組人馬都還在演練，一直忙到三更半夜。

黃右亨主講的課程「空拍機賀歲短片製作」，安排在第二天登場。由於第一天的課程都大受歡迎，求好心切的黃右亨因此很有壓力，結果上課時居然真的碰到突發狀況。根據黃右亨的觀察，偏鄉小朋友操作手機的技巧很豐富，但對電腦不太熟，以致於無論他如何解說，孩子們仍舊聽不太懂。

於是他臨機應變調整課程方向，跳過電腦操作剪輯的部分，直接帶孩子到戶外，實際操作空拍機取景。小朋友一到室外就開心了，把空拍機當成新玩具，興奮得不得了，總算讓黃右亨鬆了口氣，「只要他們高興，我就高興了。」

等到拍好影片，小朋友就坐在大哥哥、大姊姊身邊，親眼看他們根據自己的意思剪接影片及後製，完成最後階段。雖然沒有親自操作，但小朋友們也長了見識，了解一支影片誕生的過程，這是很棒的體驗。這活動帶給黃右亨最大的收穫是：「辦活動要有七分準備，三分臨機應變。」

到了最後的成果發表會，孩子們的春聯高掛在窗邊，製作好的影片也播放給大家欣賞，不只小朋友高興，高中生也充滿成就感，為活動畫下完美的句點，過去一個月的辛苦都值得了。

五二〇把愛大聲說出來

此外，景文高中還有個活動叫做「五二〇把愛大聲說出來」。這是利用課間午餐的半小時，讓學生為家長或老師點歌，表達感恩之情。陳慧娟組長希望藉此提供一個管道，幫助不擅長表達的孩子說出愛。

這是頗具趣味的三好活動，但在準備的過程中卻碰到不少麻煩。陳慧娟在遭遇難題時，習慣做兩件事：第一，深呼吸，以此紓緩壓力；第二，集思廣益，思考替代方案。

首先，學校設備老舊，不敷使用。但黃右亨捨不得放棄這個有趣構想，並決定堅持下去。為此，他每天放學後都留下來與機器纏鬥，甚至自掏腰包添購設備，把機器拆了重新組裝。為了這個為期一週的活動，他花了兩週時間去解決問題。當設備可以正常使用時，黃右亨的成就感實在是不可言喻。

其次，雖然設備問題改善了，但點播活動剛開始卻乏人問津。為此，陳慧娟帶領的幹部們彷彿四處撒種一般，忙著在學生群組裡散播消息。此外，他們先安排幾位教職員的孩子帶頭示範，由於教職員都在校內，收聽後立刻有感，因此很快發酵並點燃氣氛，帶動點播人潮。針對家長不在校內的學生，他們則熱心協助剪輯音軌，讓學生能帶回家給父母聽，傳遞自己的心意。

這個活動相當成功，家庭因此更和睦，學校也變溫馨了。現在，「五二〇把愛大聲說出來」已成為景文高中父親節、母親節、教師節的例行活動。

在這個活動裡，主辦學生黃右亨的結論是：「未被嘗試克服的困難，都是藉口。」並認為只要心態改變，視野就會拓寬，這是相當棒的體悟。黃右亨能有如此成長，很大一部分是來自老師的身教，因為陳慧娟從不輕言放棄，她說：「對於有心做事的人，時間是用來解決問題，而不是用來感傷的。」

這種不怕困難的態度，與陳慧娟的前一份工作有關。那時她在高職任教，發現學生的許多問題是源自原生家庭，如果家庭問題不能解決，學生的學習就無法啟動。

當時，她一度感到很困惑：「老師的工作究竟是什麼呢？」最終她找到了答案：「老師最重要的工作，不是教書，而是解決問題。」當她協助解決問題後，不但會得到學生極大的回饋，也因此相當有成就感。經過這段歷練，陳慧娟不再害怕面對任何困難了。現在，她也以同樣態度面對辦活動的所有難題。事實證明，即使解決問題的過程很忙碌，結果卻很值得。

這是十分珍貴的經驗談。這對師生在辦活動的過程裡，已經學會「活在當下」，他們並未抱怨過去，也沒有煩惱未來，只是專注解決眼前的問題。許多人即使修行多時，也未必能達到這樣的境界。

教師節顛倒日

經驗豐富的陳慧娟組長也分享自己辦活動的祕訣：「同樣的活動，初衷可以不變，但細節要變。」不斷變化的活動才有新鮮感，繼續吸引人潮參與。

以教師節為例，她曾在校園舉辦「寫謝卡感謝恩師」活動，將簡單的寫賀卡行動，規劃成長達一週的一系列活動，讓感謝充滿了層次。因為景文有國中部，所以她為全校學生準備充足的三好謝卡，首先是請所有學生寄一張卡片給前任老師，接著在一週內，學生要感恩當下任課的老師，也要在聯絡簿上對當天上課的老師表達謝意。最後，教師節當天是高潮，全校聚集在大操場上，公開向導師奉茶。

下一次的教師節活動，則變成了「教師節顛倒日」：所有學生都穿便服，換老師穿制服（由身材相仿的學生負責準備）。當天，所有導師穿著制服走在大操場上，勾著班長的手臂走星光大道出場，接受全校的歡呼。

這天的上課方式也要顛倒，內容可以很多元，全讓各班學生與老師自由決定。有的班級是學生上臺授課十分鐘，老師坐在臺下聆聽；有的班級直接為國文老師上演一齣正在教授的《西廂記》；有些學生選擇表演才藝，讓老師放鬆一堂課，甚至替老師按摩。這個活動一推出便轟動全校，不但讓老師感到備受重視，學生也覺得好玩極了。

有意義的活動規模不必很大，只要有創意，有內涵，就深具價值。陳慧娟把景文高中打造成充滿創意的校園，並且透過各種有趣的活動，讓三好價值深植於學生心中。

對陳慧娟來說，最大的成就感，是親眼看到學生成長，「有些課業較落後的學生，在跟著我籌劃與執行活動的過程裡，找到自己的價值，發現自己的能力，進而建立起自信。」她認為這過程雖不是立竿見影，學生卻在正向活動的影響下，逐漸改變自己的心境，形成正向循環。

不僅學生獲益良多，陳慧娟的臨場反應也愈來愈好，更能應變各種突發狀況。由於她舉辦活動的經驗豐富，品質卓越，贏得了同仁的信任，各個單位都願意共襄盛舉參與其中，甚至提供資源，進而讓活動愈辦愈順利。

對工作充滿熱情的陳慧娟為了辦好活動，就算把假日都投進去也不以為意；遇到合適的活動，甚至會帶家人一起參與。她說：「與其斤斤計較，不如改變想法，兼顧工作與家庭。」她的小孩在耳濡目染下，也對社會服務產生興趣，他們雖然還只是國、高中生，就已在學校參與相關社團了。

毫無疑問，陳慧娟塑造了一個「樂於付出」的家庭價值觀，讓全家人都在三好活動裡受惠。

三好活動，建立學生自信

黃右亨同樣令人刮目相看。因為他是升學班學生，投入許多時間辦活動，難免會受到質疑。他很感恩導師給予自己空間，也努力在功課與活動間取得平衡。黃右亨很感謝陳慧娟組長從來不局限學生，讓大家都能盡情發揮。他的表現也沒讓師長失望，陳慧娟稱許他「執行力很強」。

黃右亨在大量舉辦活動的過程裡迅速成長、蛻變，猶如破蛹而出的飛蝶。他必須練習扮演一名領導者，學習與人溝通，協調團隊與校方的不同意見，並因此懂得換位思考，體恤老師的難處。

他學習如何尋找資源，讓活動更為壯大；他試著面對困難，學會了要克服而不是逃避；他開始了解行銷，學習推廣活動讓更多人知道。當他的活動帶給別人與自己快樂時，又學到了付出的珍貴價值。

黃右亨還發現，每次活動後的檢討修正，可以讓下一次活動更流暢，進而幫助自己辦出更精采的活動，贏得更多支持。這是一個三好的正向循環，讓他的人生觀因此更加積極。

這位早熟穩重的學子，如此總結這段歷程：「高中改變了我的人生。」許多人出社會才學到的事，黃右亨已經提前學會了。更難能可貴的是，黃右亨並不驕傲，當他代表學校前往日本姊妹校參觀，拓展國際見識後，又學到了謙虛，自認還有成長的空間。

黃右亨說：「因為活動都有核心宗旨，所以回到學業上，我也開始尋找每堂課程的核心宗旨是什麼？我發現課程的內容就跟活動一樣，會有層層其他的附帶枝節，與核心意義包裝在一起。讀書要懂得先去拆解這個架構，學習才會變得更容易。」這位活動老手將自己舉辦活動的能力，成功融入到正課之中，這實在是出人意料的美好成果。由此可見，舉辦三好活動不只是薰陶學生品格的教育，更有助於提升全方位的能力。

在舉辦活動時，黃右亨還看到許多同學的另一面。當他以少扶社支援扶輪社舉辦的「反毒路跑」時，發現有些看起來很安靜的同學，原來具有運動長才；有些同學從沒提起自己的家人，當天卻與父母一起參加。因此，反毒活動也成了同學們的生活交流管道，讓他更認識自己的朋友，也使校園生活變得更有趣。

黃右亨不但看到自己的成長，也見證身邊同學的進步。一位成績不夠好，連辦活動都遭人冷嘲熱諷的同學，在過程中不斷成長，最後鍛鍊出獨當一面的能力，並因此產生自信。黃右亨在心裡為這位同學喝采，並認為他已具備當領導人的條件。另一位同學之前一直渴望有所表現，但都不成氣候，這幾年黃右亨發現他已從稚氣轉為穩健，從不成熟發展到能出色完成任務。

黃右亨相信，三好活動的舉辦者已先行內化了三好精神，進而創造一個讓自己、他人都愈來愈好的良善循環。對此，陳慧娟做了總結：「無論三好活動可以感動多少人，改變多少生命，收穫最多的都是自己。」

第五章

淡水國中：為老人送餐，讓愛不斷變大

從一班到一個學校，
從學校發展至社區，
再從社區擴及國家，
三好活動無限寬廣。

三好活動不求多，也不求大，相同的活動，只要一年比一年更加擴展，更有影響力，就是成功典範。新北市淡水區淡水國中的「用愛心做點心」活動，五年來逐漸擴大規模，並且建立起一套完善機制。淡水國中活動的發展歷程，可做為規劃三好活動的參考範例。

敬老送點心，從一個班級開始

五年前，淡水國中狀況並不樂觀：一年換一個學務主任，行政單位很不穩定，加上少子化影響，學生人數一直下滑。後來新校長上任，人事穩定下來，三好活動展開後，校園風氣逐漸改善。「校內不再有涉毒的學生，也沒有中輟生，學校形象扭轉，學生人數回流，二〇二一年甚至開始增班。」學務主任吳琪玉對此感觸良多。

淡水國中首次舉辦的三好活動，是從「為老人中心送餐」開始。

當時，初任學務主任的吳琪玉獲知「三好校園」活動，決心爭取參加。依照規定，國中生必須在五個學期內，完成三學期各六小時的「服務學習」，才能獲得直接併入會考成績的十五積分。吳琪玉希望不只是讓學生掃掃地，湊滿服務學習的時數，而是設計一個有意義的活動，既有多元發展的性質，還能跟社區結合。

幸運的是，她找到一位願意合作的綜合課老師。「綜合課」是類似家政的課程，因為具備許多DIY的內容，很適合轉化為服務學習的素材。

二〇一六年是活動第一年，吳琪玉利用自己導師班的班會和自習課，請綜合課老師帶領學生製作杏仁瓦片，再配合節慶，送給社區的老人中心。為了表達學生的用心，杏仁瓦片不但有完整的設計包裝，上面還印有三好圖案。學生不只親手製作與包裝，也親自前去贈送，一切都自己完成。後來有學生回饋：「人生親手做的第一份餅乾，就是送給社區長輩享用，感覺非常有意義。」這正是淡水國中希望達成的目的。

到了隔年，由於已有成功經驗可以複製，吳琪玉因此更放心。這次他們製作鳳梨酥，在端午節前贈禮，仍由綜合課老師主導，而參與學生則擴大為兩個班級，同樣獲得極大的迴響。

第三年，吳琪玉說服了十一個班級一起參加，讓這個愛心送暖行動不再局限於個別班級，而成為整個年級的活動。由於參與人數和送暖對象眾多，吳琪玉便聯絡淡水區公所，請社會人文科人員來分派學生製作檸檬塔。

這次受益的不只有老人，還包括社區的弱勢族群。為此，區公所人員鄭重來校拜訪，並且與學生代表合影留念，讓這些半大不小的孩子受到很大的鼓勵。

活動第四年，淡水國中的企圖心更大了，此次他們結合鄰近國小一起完成這件美事。活動名稱是「大手牽小手」，由國中生帶著小學生一起行善，讓社會服務的觀念向下扎根。

在活動的過程裡，吳琪玉觀察到：「在帶領小朋友時，男同學的表現一點都不輸女同學，他們的投入程度是一樣的。」她還發現，有一位在校內就像大姊頭的女學生，平常不太把老師放在眼裡，但在老人中心卻表現得特別乖巧，全程都很有耐心陪長輩玩桌遊。這讓吳琪玉很感動，因為她看見孩子內心柔軟的一面，也很慶幸有這樣的三好活動，能激發孩子本性裡的善良。

克服難處，把活動做大

當「三好校園」推行到第五年，適逢二〇二〇年新冠疫情，送餐變得不合時宜。這次淡水國中靈活應變，將贈品改成口罩套與手工肥皂。因此，不只家政老師貢獻專長，教導學生製作口罩套；就連童軍老師也投入教學，帶領學生利用精油製作皂基。

在老師的指導下，這些手工皂製作得非常精美，還有不同圖案與顏色，經過包裝後，跟一般商品毫無二致。此後，淡水國中都使用自己製作的手工皂，不用再向外購買。同時，學校也號召學生認領校內各區域的洗手臺，負責手工皂的補充與製作。這場活動結合了防疫宣導與三好活動，真是一舉兩得。

在口罩套的製作上，校方規定每位學生都必須親手縫製兩個：一個自用，另一個則捐出去。吳琪玉主任坦承有些學生確實比較手拙，縫工不行，所以口罩套在捐出去之前仍得經過挑選。不過這過程也有助於訓練孩子們的縫紉能力，有些孩子在參加完活動後，已經有能力自己縫鈕扣了。

當學生做好口罩套與手工肥皂後，就請各位里長幫忙分送。如果當地有舉辦老人活動，淡水國中學生也會親自送達，讓敦親睦鄰的三好效益在社區中擴大。

老人送餐活動逐年修改與擴大，這是吳琪玉始料未及的事，她認為辦活動最大的難處是「凝聚共識」。

起初這活動並沒有獲得所有老師的認同，活動格局因此受限。等到有了成功經驗，學生也提出正向回饋後，他們更有信心說服其他老師加入。正所謂「團結力量大」，隨著愈來愈多人加入，活動效益也因此大為提升。

在爭取學校認同與支持的過程中，吳琪玉做了非常多努力。她利用各種場合向不同團體彙報，包括導師會議、學生自治會、服務學習工作小組、家長會、家長說明會、老師研習營等，從不放棄任何一個溝通機會。

此外，她也邀請合作單位來校內分享，讓全校師生了解這個活動的做法、目的與效果。最後終於獲得絕大多數人的認同與配合，「為老人送餐行動」也成了淡水國中的特色活動。

在外部合作單位的挑選上，最初吳琪玉選擇與民間社服單位合作，但後來由於對方人事異動，使活動也跟著出現變數。她因此意識到，必須找一個不會改變的合作單位，於是改成與淡水區公所合作。這是相當正確的決定，因為此後淡水國中不再局限於服務長輩，隨著送暖對象的擴大與增加，他們與整個社區有更深入且全面的互動，對社會的影響力也更大。

這個活動從開辦以來曾遇到許多挑戰，但再多困難都不及新冠疫情嚴重。自二〇二一年以來，因為受疫情影響，活動很難再行擴展。不過在此期間，學生們製作手工皂的行動並未停止，透過里長送暖的愛心也仍在延續，淡水國中一心等待疫情降溫，希望這個活動的愛與溫暖能觸及更多人。

校內二合一選舉活動

在老人送餐活動熱烈展開的同時，其他三好活動也開始在校內蓬勃發展，並且都被記錄在淡水國中的《淡中青年三好校園雙月刊》裡。這本刊物是校方與家長聯繫的橋梁，幫助家長知道校內發生的各種要事，其中一期就報導了淡水國中票選校模範生的活動。

許多學校都曾票選三好楷模，這並不稀奇，但淡水國中特別不一樣。他們在二〇二一年舉辦校模範生票選活動，適逢臺灣公投，為了強化學生的公民素養，淡水國中模擬「大選綁公投」模式，將兩個投票活動結合在一起，藉由這場在校內預演微型公投的實際操作，讓學生了解公投的內容。

為了讓學生身歷其境，淡水國中還向區公所商借多餘的票匭、塑膠蓋章、圈票區的隔簾，將投票場所、選票樣式都弄得與實際大選一

班級為了推舉候選模範生，展現出五花八門的競選活動。

樣；學生也需要排隊，憑學生證領票，由負責選務的學生記錄名錄，並發放票單，一切流程百分之百複製正式選舉。淡水國中甚至還印發選舉公報，刊登校模範生候選人照片與公投內容。

在選舉前，候選人及其團隊可以進行拉票與宣傳。學生利用下課時間在穿堂拉票，那段時間整個校園顯得特別喧鬧。吳琪玉拿出一張活動照片，其中有群孩子以眾星拱月的隊形，圍繞在候選人身邊，氣氛很是熱絡。

吳琪玉強調，淡水國中對模範生的定義，不是只有一套標準，優秀有很多種類型，例如樂活之星（意指健康活動表現優秀的學生）、創客之星、品德之星……透過票選活動，孩子可以了解到「行行出狀元」，成績好並非唯一標準。

由各班推選的卓越人才，最後還會由全校票選，才產生一位校模範生。由於每個人都可以投兩票，所以不用擔心會出現以班級為中心

校內設立模範生公報，讓學生的好行為能得到表揚，同儕間也有正向楷模可學習。

的投票結果，能夠選出學生心中真正的典範。以最近一次票選為例，吳琪玉說：「當選者是一位體育明星，這位學生成績未必頂尖，人緣卻特別好。」這也如實反映社會現況，現實中若想出人頭地，不僅要具備專業能力，更要學會做人，而這往往比讀書更重要。如果孩子能因此及早領悟到「溝通」的重要性，這個活動就辦得有意義了。

藉由微型選舉了解公投

學校處理公投議題的方式相當別出心裁。在老師整理的海報裡，不但介紹四項公投議題，還比較贊成與反對的影響；社會科老師更把握機會，在課堂上為學生解析公投議題。因為學生也必須參加學校舉辦的選舉，對這些孩子來說，公投不再只是大人的事，也是自己的事。在這個活動中，淡水國中的學生關心社會議題，思考國家大事，並且透過校內選舉，學習表達自己的觀點。

有趣的是，淡水國中的選舉活動就安排在全國選舉前一天。所以在真正的公投以前，學校就已經知曉學生的投票結果。但為了避免影響選情，直到正式公投之後，淡水國中才揭曉校內選舉結果。吳琪玉主任表示，學生的答案與新北市民眾差不多，連爭議之處都相差無幾。或許學生的選擇反映出他們的家庭教育，因此孩子的投票表現也是成人世界的縮影。

公投議題本來就沒有標準答案，少數必須學習服從多數。淡水國中的學生透過這場三好活動，練習參與社會事務，這是公民教育的啟蒙，民主選舉的初體驗，是很有意義且值得讚揚的活動。

三好活動可以具有無限寬廣的思維與創意，而淡水國中無疑做了最佳表率。只要懂得善用資源，就可以讓小活動擴大，變得獨具意義，把影響力從學校發展至社區，將視野從學校擴及國家。

第六章

南華大學：以珍珠計畫培養三好青年

佛學教育蘊含三好。
藉由禪坐，時刻反省關照；
修習拳術，磨練自我心性；
欣賞藝術，感受佛法美妙。

在嘉義縣大林鎮，由佛光山創辦的南華大學推動「三好校園」，以「培育珍珠學生計畫」表現最為亮眼。這計畫旨在栽培特殊學生，無論是成績優異、家境清寒、身心障礙、外籍生，或具備特殊才藝的學生，都有機會脫穎而出。

這計畫為期八個月，學習內容由珍珠導師與珍珠學生共同擬定，老師為學生量身打造學習計畫，而雀屏中選的學生還會有學習同伴能彼此勉勵，是極富人性的規畫。珍珠導師林奇憲透露，九年來南華大學已栽培一百五十二位珍珠學生，就讀視覺藝術與設計學系研究所二年級的黃子揚，正是其中一位，本篇故事就從這位馬來西亞僑生開始。

黃子揚之所以會成為珍珠計畫的栽培對象，是因為他在武術上有傑出表現。他在大四那年擔任縱鶴拳社團社長，多次成為縱鶴拳的珍珠學生與夥伴學生；後來讀研究所時，再度被畫畫老師鎖定為珍珠學生，因此，他參與珍珠計畫的經驗特別豐富。

佛門教育陶冶品行

有別於一般大學生，黃子揚擁有佛學院背景。還在馬來西亞的時候，他就在佛光山創辦的東禪佛學院就讀過九個月。東禪佛學院採遊學制，也就是完成前半段在地養成教育後，表現優異者可以在法師的推薦下，到臺灣叢林學院繼續完成後半段的佛學教育。黃子揚高中就讀商科，但由於升學考試成績不太理想，因而對自己的前途感到迷茫。當時他正在道場做義工，當地法師建議他以在家眾身分到臺灣就讀叢林學院，在那裡不但生活費與學雜費全免，佛光山還提供零用錢，條件相當不錯。

黃子揚篤信佛教，熱愛繪畫，少不更事的他看到招生海報上有學子畫畫的照片，誤以為在佛學院能度過悠閒的出家生活，還有餘閒畫畫，於是接受了這個建議。然而，他到臺灣才發現不是那麼一回事，佛門生活戒律嚴格，自由時間本就不多，更遑論繪畫了。幸好年輕人可塑性大，時間拉長也就慢慢適應了。黃子揚三年後畢業，轉而就讀南華大學視覺藝術與設計學系，這才真正投入自己熱愛的繪畫領域。

黃子揚的佛門生活雖是誤打誤撞，但他事後回顧，發現這段歷程對自己人生影響甚巨。南華大學與叢林學院雖然同為佛光山創辦，但前者的佛教色彩並不濃厚，學生就像普通大學生一樣，享有極高的自由。由於黃子揚習慣早上五點起床與晚上十點就寢，這種缺乏約束的生活讓他覺得很困擾。他不喜歡在上課時滑手機，對老師的態度就像對師父一樣敬重。這些看似一板一眼的生活習慣，皆源自於佛門教育，並且已內化為黃子揚性格的一部分。

佛門教育也影響黃子揚其他更深層的面向。黃子揚表示，馬來西亞是多元民族國家，國民從小接觸四種語言，因此說話時會同時夾雜好幾種語言，導致國民語言能力雜而不精。黃子揚自認中文程度不夠好，所幸在叢林學院讀書期間，必須閱讀佛典，接觸文言文，他的中文能力得以增強，在日後閱讀書譜、畫論、拳經、拳論等古籍時，這份能力都派上了用場。

黃子揚從小就對傳統中華文化充滿興趣。他幼時接觸象棋、國樂、金庸小說、港劇；高中時接觸佛教，又從和尚的誦經儀式裡愛上京劇。在叢林學院期間，他接受傳統文化薰陶，對中華文化的嚮往日漸加深。隨著學習的進益，黃子揚更深刻體會釋道儒的哲學思想，就是傳統藝術的核心價值；藝術創作必須回到文化根源，才能成為優秀的藝術家；打拳必須掌握拳法裡暗藏的文化意涵，才能把拳打好。

佛學正是中華文化根源的一部分。黃子揚特別推崇叢林學院的禪坐訓練，他因此培養了「觀照」的習慣：在緩緩吸氣與慢慢吐氣之間，以極慢的速度觀照身體的每一處，並在過程裡放大所有觀照的細節，他認為這有助於對書畫與拳術的理解。當他下筆入墨時，會觀察運筆的線條、墨色的濃淡、結構的布局等細節，思考自己的動作與老師有什麼不同？老師的特色在哪裡？用意何在？再反過來對照自己的表現。黃子揚說：「創作就是一個不斷自我檢視、反省觀照的過程。」

除了禪坐之外，佛陀紀念館也是滋養黃子揚的另外一個園地。他經常在這裡欣賞各種類別的藝術展覽，長期沉浸於藝術薰陶，加上閱讀佛教史、藝術史，他更加理解星雲大師透過文化、教育、慈善、共修四大方向來弘揚佛法的決定，確實是妙不可喻。從這些藝術展覽裡，他見識到藝術家透過動人的作品，將艱澀難懂的佛學哲理，變得如此親和且有魅力。

就連受過佛學訓練的黃子揚，尚且自認對無常、四聖諦、三法印、三十七道品的理解僅限於皮毛，更遑論普羅大眾了。藝術確實是傳遞佛法的最佳入門。《華嚴經》記載「心如工畫師」，意指透過觀察書畫裡隱藏的細節，能了解一名創作者的個性、心性及其人生體悟。黃子揚從佛陀紀念館的藝術展覽裡，接收到這些未必說得出，卻能深刻感受到的內在能量。

拳術書法，融會貫通

黃子揚分享，叢林學院的訓練就像是被佛學包裝的三好教育，讓他在不知不覺間有所改變；而南華大學三好教育的珍珠計畫，則對他的書畫學習產生極為深遠的影響。

大四那年，黃子揚被縱鶴拳社指導老師林奇憲相中，老師希望他能接任社長，同時參與珍珠計畫。一開始黃子揚有點不甘願，他擔心自己既要打工賺取生活費，又要趕畢業作品，太多行政事務會影響作畫與練拳時間。但林奇憲對他說：「這些事所培養的能力，以後你都會用得到，人生不是只有練拳與作畫而已。」他很不服氣，認為既然以後還會遇到，現在更應該專心練拳、作畫才對。但後來證明老師所言不假，這位個性率真、不懂修飾言語的年輕人，果然在社務的溝通協調上摔了一跤，但也因此獲得改進與成長的機會。

在珍珠計畫裡，林奇憲為黃子揚量身打造許多課程。第一個任務是《拳經拳論》的英譯，這有助於外籍生理解拳法；第二個任務則是編著縱鶴拳教本，林奇憲帶著兩名外籍珍珠學生一起做田野調查，逐一將縱鶴拳耆老口述的歷史、軼事、傳奇，整理成縱鶴拳傳承教本。

在向耆老們請益的過程裡，黃子揚不但得到許多功夫技巧的提點，還意外練就了臺語能力，收穫相當豐富。同時他也因為深入臺灣鄉野，見識本地風光，因而對臺灣有更深層的理解。

林奇憲不僅帶黃子揚認識武術前輩，還安排書法家李伯遠指導他。在兩位長輩的帶領下，黃子揚對拳法、書畫更加融會貫通。李伯遠曾叮囑：「寫字要能寓含行氣，不論一個字，一整排字，都要有中軸線。」這就如同打拳時，全程都要維持「虛靈頂勁，氣沉丹田」。林奇憲也說，練拳遇到瓶頸，要先去練「拳母」，就像學書法時先練永字八法，都是一樣的道理。

在珍珠計畫報告裡，黃子揚的拳法體悟報告相當精采。他認為傳統書畫的「臨摹」，是以追求形式為先，而打拳的起步也是如此。拳法之「勢」是在結構裡產生，就如書畫藝術由點、線、面構成，亦自成結構。打拳要懂得在拳術的結構裡展現鬆勁，當意念鬆了，拳就打得好了。孫過庭在《書譜》中提到：「智巧兼優，心手雙暢。」也是指熟能生巧。書法講究「筆斷意連，意在筆先」，寫字必須一氣呵成，方成佳作。一如打拳，若少了連貫之勢，拳架就打不好了。

黃子揚將這番大道理延伸至人生體悟：人生的各種處境，永遠是從零到一的「起步」最難，有的人在〇．八分時便放棄了。就像國畫的基本功，若連一條直線或曲線都掌握不好，也很難畫好一幅畫。國畫裡所有的花、鳥、樹、雲等繪畫技巧，都是從最基本的梅蘭竹菊四君子而來。故基本功是傳統藝術的涵養，而「一門深入，觸類旁通」則是學習的不二法門。

透過藝術與武術領悟三好

如今黃子揚發現：「畫畫是在模糊與清楚之間，人生亦然。」他認為自己過去太一板一眼，缺少彈性；但人生不是一道是非題，往往有許多灰色地帶，畫畫亦是如此。他引用電影「一代宗師」裡的一句話：「見自己，見天地，見眾生。」藝術創作也是如此，先從自己的感受出發，再於畫紙上表現出遠山近水的視野，最後要能呈現眾生皆在心中的崇高境界，這才是最好的畫境。黃子揚已將書法、拳法與人生揉合於一身，達到一通百通的美好境界。

黃子揚的珍珠計畫不只安排大量習武時間，同時也擔任「青銀共學」與縱鶴拳社團的助教工作。青銀共學是為樂齡大學的長輩所設計，林奇憲老師在樂齡大學擔任講師，黃子揚也理所當然成了助教。他在青銀共學服務老年人，在社團活動服務學弟妹，其中最大的學習，應該就是在反覆教導的過程裡，訓練自己不起煩躁心，而這也是身心靈的三好教化過程。換言之，佛學教導黃子揚內視反省，拳術則提供他演練覺察的修練道場。

黃子揚的人生很精采，他的三好學習透過藝術與拳術雙重薰陶而成。現在他擁有世界太極拳聯盟國際級教練、中華民國縱鶴拳協會C級教練資格，還榮獲二〇二〇年「全國港都盃國武術錦標賽」青年男子組拳術對練第一名、二〇二〇年「中正盃全國武術大賽」青年男子組鶴拳第二名等榮耀。但對黃子揚來說，再美好的頭銜，可能都不會比這段三好成長歷程更珍貴吧！

黃子揚（左二）擔任社長率隊參賽成果豐富。圖中右二為柳雅梅學務長，左一為王伯文副學務長，右一為珍珠導師林奇憲。

第七章

普門中學：在好苗子與棒球隊看到三好

不同的生命，
有不一樣的成長，
但只要持守三好精神，
便能活出相同的燦爛。

一名八八風災的孤兒、一位在山裡長大的原住民女孩、一支以打球實踐人生的棒球隊，高雄市大樹區普門中學的三個真實故事，因為秉持著三好精神，所以改寫了他們的生命體驗。人生不必假設太多如果，一切就從當下開始，擁有了三好的生活態度，人生的劇本也就此更新。

八八風災遺孤進入普門

就讀普門中學國三的蔡喆宇，是八八風災的遺孤。事發當時蔡喆宇年僅三歲，因為住在親戚家而躲過一劫。但他居住在小林村的父親、母親、奶奶與姊姊，卻從此淹沒在土石流下，永遠回不來了，獨留他一人倖存。從此，蔡喆宇就在親戚的輪流照顧下長大。

與父母一起生活的那段歲月，蔡喆宇已經不記得了。對他來說，遺忘是一種幸福，他並沒有因為這段身世而有太多感傷。他分別在叔叔家住了兩年，在三姑姑家住了三年，最近十年則住在大伯家裡。二姑姑就住在大伯家附近，經常會來串門子，與大伯一起照顧他。蔡喆宇是所有親戚一起扶養長大的小孩，在他眼裡，「叔叔、阿伯、姑姑們就跟父母沒什麼兩樣，只是換人擔任罷了。」蔡喆宇確實同時擁有好多個爸爸媽媽，也比一般小孩得到更多疼愛，這個不幸中的大幸，大概是老天對他的彌補吧！

由於蔡喆宇的監護人大伯是退休公務員，伯母也有工作，所以他無法申請低收入戶，好在「好苗子獎助學金」贊助他就讀中學。這是「公益信託星雲大師教育基金」設立的獎助學金，旨在幫助偏鄉、清寒、弱勢的優秀學生順利就學。普門中學也是佛光山設立的學校，蔡喆宇就在佛光山的照拂下求學。

根據普門中學校長蔡國權回憶，他在第一次見到來申請入學的蔡喆宇時，嚇了好大一跳。因為當時就讀小學的蔡喆宇竟留著龐克頭，普門中學從來沒有留這種髮型的學生。但蔡喆宇一臉無辜表示，那只是一場意外，在他還沒搞清楚狀況前，就因為美髮師的主意而變成這樣，實在是莫可奈何。

通常留這種髮型的孩子若不是太叛逆，就是太老實，而蔡喆宇顯然是屬於後者。雖然這只是一件小事，卻反映了蔡喆宇逆來順受的個性，一如他面對自己的身世，沒有任何抱怨，只有接受。

蔡喆宇剛到普門中學就讀時，因為個性老實，不夠圓融，與人相處成了最大的挑戰。回顧過往，他自嘲是沒見過世面的鄉下人，所以黑白分明，有話直說，容易得罪人。但在普門中學強調「說好話」的環境裡，他開始留意自己所說的話語，逐漸修正心直口快的毛病。

此外，蔡喆宇從小凡事都不自己動手，經常被大伯批評。而普門中學需要住校，他必須自己洗衣服，整理房間，還要當義工，因而養成勞動習慣，加上長期接受三好精神薰陶，現在他回家會主動洗衣、拖地、整理花園，大伯也因此稱許他長大了。

「三好四給」培養感恩心

蔡喆宇之所以變得懂事，源自於開始懂得感恩。佛光山強調「三好四給」精神，所謂三好是「做好事、說好話、存好心」，四給則是「給人信心、給人歡喜、給人希望、給人方便」。蔡國權校長引用星雲大師的話，說：「『三好四給』有助於廣結善緣，佛光山就是這樣給出來的。」

蔡喆宇的導師胡馨方也分享道：「普門中學要求學生在飯前誦唸四句偈：『慈悲喜捨遍法界，惜福結緣利人天，禪淨戒行平等忍，慚愧感恩大願心。』唸久了自然內化，心生感恩。就像陳之藩先生在其散文〈謝天〉所述：『一粥一飯，半絲半縷，都是多少年、多少人的血汗結晶。』所以每個人都應該心懷感恩。」

因為懂得感恩，蔡喆宇不再將凡事視為理所當然，他開始思考：「我現在的不虞匱乏，快樂幸福，是因為誰而來呢？」他的個性也開始變得柔軟，不再那麼有稜有角。

當蔡喆宇有所覺悟並開始改變後，不但在班上的人緣改善了，就連與大伯的相處也更和諧。胡馨方常與蔡喆宇的大伯聯絡，並且讚嘆他對這侄兒視如己出。蔡大伯曾告訴老師，扶養遺孤壓力大，他唯恐對不起逝去的兄弟，因而對侄兒特別嚴格，有時心一急，罵人的話便脫口而出。顯然，這對伯侄個性都一派耿直，因此也容易發生衝突。但自從蔡喆宇心存感恩而變得懂事後，大伯也隨之改變，不再那麼疾言厲色，雙方關係因此更為融洽，可謂是良性循環。

因為感恩，蔡喆宇也學會分享，這是他在普門中學的另一個收穫。當他樂於分享，所結的善緣不但能增加自己的福報，人緣也變好了。蔡喆宇體會到「施比受更有福」的道理。

普門中學有一個「三好義工」培訓活動，學生只要經過培訓，學習義工的行為儀軌，即可登記申請做「回山義工」（回佛光山當義工）。服務的地點有佛館、園藝組、灑掃組、禮敬大廳、滴水坊等，都能幫助學生累積服務學習經驗，並且增加接觸社會的機會。

胡馨方舉例，小吃部「解脫門」的煎烙餅工作，經常會碰到外國觀光客，因此能獲得練習英文、導覽觀光的機緣。學生不必離開佛光山就能體驗打工，既有趣又安全，這是其他學校都沒有的機會。之前蔡喆宇經常擔任回山義工，並且樂在其中，目前則因忙於國三課業，暫時無暇參與。

其實，服務是另一種形式的分享，所分享的是自己的時間與體力。被服務者感到歡喜，服務者也獲得付出的快樂，雙方都因此受益。

部落女孩下山讀書，面對國文挑戰

另外一名學生王珈，也從「回山義工」獲得許多樂趣。這位在屏東縣三地門鄉長大的魯凱族女孩，目前就讀普門中學高二。王珈之前就讀青葉國小，成績特別優秀，總是拿第一名，由於普門中學有「好苗子獎助學金」，國小校長便推薦她去申請入學。後來王珈果然不負眾望考上高雄女中，在部落堪稱是光耀門楣的大新聞。但懂事的她考量到家裡經濟，選擇直升普門中學高中部。對於「放棄雄女」這件事，她的想法是：「只有一點點可惜啦！」

有了王珈當榜樣，後來青葉國小表現優異的學弟妹，都循此管道就讀普門中學。到目前為止，普門中學已有三位來自三地門鄉的魯凱族學生。

王珈在普門中學國中部的表現也很優異，但一開始她可是哭著熬過來的。過去在部落裡，一班只有七個人，對王珈來說，想要考第一名猶如囊中取物。但由於普門中學班級很多，成績好的學生也不少，加上城鄉差距的影響，王珈因此顯得特別渺小，而這也讓求好心切的她頓時壓力倍增，天天以淚洗面。

王珈的導師林怡諄表示，部落孩子最吃虧的科目就是國文。當時她就發現，王珈明明程度很好，學習英文相當有天賦，在魯凱語朗讀比賽也得到第一名，但一碰上國文，面對基本的成語與常識，這位資優生便一臉茫然。原來，部落的孩子在山上沒有課外讀物，也不重視閱讀寫作，長此以往，王珈便遇到了瓶頸。

自從一〇八課綱以來，國中教育特別重視閱讀理解，即使是數學科，重點也不是運算，而是數學素養。所謂「數學素養」，指的是將生活情境以語文、故事的方式，轉化為數學題型，以此訓練孩子靈活發揮數學思考能力。因此，考卷一頁可能只有兩道題目，但題幹往往很長，面對這樣的考題，如果學生的國文程度不好，很可能連題目都看不懂，即使再擅長計算也沒有用。在這種教育方向中，國文閱讀能力顯得格外重要，王珈的壓力自然可想而知。

為了彌補學業落差，王珈付出大量時間認真練習國文測驗，並且閱讀各種參考書，科普、詩詞、古文一概不漏。在考高中時，林怡諄只擔心王珈的國文，幸好最後她考了一個A，優秀過關。如今王珈的高中老師黃谷鳳證明，經過不斷努力練習，她的國文水準已經跟一般學生相同。

熱心付出的三好精神

由於在山上受教育的緣故，讓王珈的國文吃了虧，但她就跟眾多原住民一樣，擁有卓越的歌喉與優秀的體能。此外，她自小擔任青葉國小歌謠隊隊長，領導經驗非常豐富，所以到了普門中學，又繼續擔任班長及宿舍樓長。顯然，王珈擅長與人溝通，具備極佳的領導能力，而且人緣非常好。國中與高中兩位導師都對她讚不絕口。

林怡諄老師以全國音樂比賽為例，當學弟妹要出校表演時，像王珈這樣的高年級學生，一定是老師的「指定公差」之一。因為低年級學生就像一群無頭蒼蠅，需要擅長溝通、有領導力的學長姊帶隊，能幫忙搞定一切。

林怡諄表示，每所學校的表演有不同隊型，各校都必須利用表演空檔，更改場地布置。她在過程中觀察到，其他學校都是老師和家長在搬桌椅、抬樂器，忙得團團轉，只有普門中學是由王珈等幾位學長姊出馬，就能處理好所有事情，完全不用勞煩老師。有時候，林怡諄忍不住會督促低年級學生去幫忙，沒想到得到的答覆竟然是「擔心會礙手礙腳幫倒忙」。像王珈這樣優秀又樂於付出的學生，實在讓老師們深感榮耀。

在普門中學其他孩子身上，同樣能看到這份助人精神。讓林怡諄感動的是，有一次班上有位學生嘔吐，周圍的同學都自動自發掃地、拖地、處理穢物，一點也不嫌髒，大家都已活出了三好精神。

王珈這位陽光女孩還有一個優點，那就是「笑口常開」，這是她在青葉國小歌謠隊學到的態度，由於經常要出門表演，所以一直被要求面帶微笑。

她將這個好習慣帶進普門中學，也成為表率。三好四給包含「予人以歡喜」，林怡諄說：「不要以善小而不為，給別人愉快的笑臉與態度，就已經是在執行三好了。」此話真是一語中的。

王珈身上的三好品格，有些是來自天性，有些則是受普門中學啟發而得。她認為在普門的住校生活，可以讓自己學習與人磨合，而且變得更獨立。普門的宿舍是六人一間，和同學相處有許多眉角，只要有一個人內務做不好，整間宿舍的人都要被罰做勞務。林怡諄的形容很精準：「普門宿舍就是一個小型社會，由於不能換室友，碰到再怪的人也得相處，許多學生因此被迫成長。但只要能過普門這一關，將來出社會就沒問題了。」

當回山義工，發揚三好精神

對王珈來說，在普門中學最大的成長是課業。她回想初入普門中學時很不適應，也不理解為何部落的孩子沒那麼多功課，每次回到山上，只有她要背那麼多書，寫那麼多作業，其他孩子都在開心打球。後來她感受到城鄉差異的壓力，知道自己必須勇往直追，從此就不再抱怨，並且認為：「撐過去就習慣了。」

王珈不但自己很努力，還懂得回饋鄉里。她回鄉參加部落活動，分享讀書方法，甚至當小家教去教導族裡其他孩子。她說：「之所以認真讀書，是希望有一天也能助人。」由此可見，感恩與回饋的種子已播撒在她心底。

王珈經常參加「回山義工」活動，並由衷認為當義工很有成就感，很快樂。其實不只是她，幾乎普門中學所有學生都喜歡當回山義工。據說佛光山的素食特別好吃，師父們因為疼小孩，經常會準備點心，讓這些發育中的小孩特別高興。

林怡諄老師提到佛光山的「千人茶禪」活動，舉辦地點涵蓋整個佛陀紀念館外的戶外廣場，由於場地遼闊，環境莊嚴，一排又一排的桌子整齊排開，看起來非常壯觀。在如此肅穆寧靜的氣氛裡，眾生顯得更加渺小，益發謙卑。在這個活動裡，從架桌子、搬椅子、鋪餐巾，到協助泡茶等細節，都是由回山義工一起完成，對他們來說，這可是難得一見的大場面。

另一個讓王珈印象深刻的活動，則是佛光山為偏鄉小學舉辦的「聯合畢業典禮」。由於偏鄉小學每屆畢業生只有一、兩位，非常冷清，所以佛光山決定讓大家聚在一起，共同舉辦一場熱鬧的聯合畢業典禮，連星雲大師都到場予以鼓勵。在這場活動中，王珈與其他回山義工負責各種前期準備工作，例如將禮物裝袋與分發，還有在典禮上演唱三好歌，忙得不亦樂乎。

佛光山的回山義工種類繁多，非常有趣，可惜因受疫情影響，近幾年大型活動均被迫暫停，不過從師生津津樂道的回顧裡，依然可以得知個中滋味。

林怡諄說：「就算是一般例行活動，例如去藏經樓擦書，或是到打飯班洗碗，都能讓學生暫時脫離繁重的課業，是很好的減壓方式。」或許這也解釋了為何在普門中學，「回山義工」活動會如此大受歡迎了。

行善與靜心的力量

在王珈的故事裡，有位不得不提的貴人，那就是郭美琴阿姨。三年前，王珈的繼父因癌末病倒，她為了減輕母親的負擔，都會到醫院協助照料繼父。後來由於疫情嚴重，學校停課，繼父也被接回家中，王珈更是扛起照顧責任。當時家裡面臨很大的經濟壓力，幸好郭美琴伸出了援手，讓王珈充滿感恩之情。

單身的郭美琴因經商致富，由於沒有子嗣，退休後就將錢財用來行善。一開始她贊助青葉國小的歌謠隊，後來因為王珈就讀普門中學，她又將資源延伸至此。

王珈在普門中學的學費與生活費，是由好苗子獎助學金，以及政府提供的原住民補助費承擔，郭美琴則贊助了所有參考書開銷，讓王珈可以努力拚國文而無後顧之憂。當王珈繼父的醫藥費有困難時，也都仰賴郭美琴鼎力相助。

兩位導師在描述王珈的處境時，頻頻稱許郭美琴慈悲心腸，有求必應。現在她幫助的對象已不只王珈一個人，普門中學其他孩子有難，她也會出手相援。一所強調感恩、重視三好四給的學校，同時也吸引了其他善能量，讓受惠學子愈來愈多。

普門中學因為推廣三好教育，特別重視做人處事的禮貌與態度。蔡國權校長表示，普門中學有一些不同於其他學校的要求，例如吃飯前要先誦讀「四句偈」，以此表達感恩；下課或放學則必須將桌面收拾乾淨才能離開；到校外參加活動，離開之前，全體學生要向工作人員敬禮道謝。其中最特別的要求，就是在每堂課開始之前，全班靜心三分鐘。

這三分鐘雖然不長，卻能達到很好的收心效果。林怡諄表示，有靜坐習慣的老師身體特別健康，看起來也格外年輕。她為了幫助學生靜心，會在這三分鐘裡播放楊定一博士引導呼吸的錄音，當缽響時吸氣，磬響時呼氣。經過常態練習後，每當學生感到心情緊張時，都習慣利用靜心來放鬆。據說有些吹管樂的學生，因為做了這練習，中氣變得更足。

靜心練習好處真是不少。

以三好精神帶領棒球隊

充分運用靜心力量帶領團隊的，還有普門中學棒球隊總教練洪榮宏。他不僅是普門中學棒球隊的總教練，也擔任過三所高中職組合的「高雄市聯隊」總教練，其中普門中學的球員占了半數。

這兩支球隊的訓練方法，都強調以「三好精神」建立紀律，以「佛法思維」面對競賽，以「禪修靜坐」管理常規，而且表現都非常傑出。高雄市聯隊在二〇二〇年的「東岸聯盟U18棒球錦標賽」榮獲全國第一名，普門中學棒球隊則獲得第二名，證明了這套管理哲學的效益。

球員朱軒祺從小學五年級就開始打球，他比較自己參加各球隊的經驗，發現洪榮宏教練帶領的球隊特別有紀律。比賽時不可輕言放棄，要堅持到底；贏球也不能驕傲或得意忘形。在生活上尤其注重禮貌與清潔，灑掃、應對、進退各方面，一點都不能馬虎。

洪榮宏沒有要求球員信佛，卻將佛法思維成功融入管理，這方法雖然罕見，卻相當值得參考。例如當球場上出現不公平的誤判時，洪榮宏會提醒球員，不可以在球場對抗或叫囂，而要保持運動精神，服從裁判；當自己不小心失誤時，不要懊惱，過去的就讓它過去。因為無論是不服或懊惱，都是活在過去而徒勞無功，唯有「活在當下」，才能打好比賽。

洪榮宏也用靜坐對治年輕人的心浮氣躁。由於這年紀的孩子血氣方剛，體力旺盛，很容易因外在環境而焦躁，進而影響球場上的表現；若能以平靜心應戰，反而可以激發潛能，帶來意想不到的躍進。所以在比賽前，洪榮宏會引導全隊先靜坐，讓球員能以平靜從容的態度上場應戰。

到了第五局結束的中場休息時間，他也會把握這五分鐘，再度帶領球員靜坐，安頓大家躁動的情緒，如此，接下來他們在球場上的表現，將不至於有欠思考。而且根據經驗顯示，因為多了這個環節，在第六局至第九局的下半場比賽，球隊往往凝聚力大增，引發逆轉勝的振奮結局。

蔡國權校長分享，球隊在賽前與中場靜坐的畫面，經常會引起球迷的小騷動，觀眾紛紛好奇拿起手機拍照，並且分享到網路上，為普門中學的形象加了不少分。

球隊在賽前與中場靜坐，可以激發潛能，帶來意想不到的躍進。

以靜坐收斂心性

洪榮宏教練不只以靜坐去除球員的瞋心，當他們贏球後，他也以靜坐消除球員的慢心。有一次普門中學棒球隊在「能高盃棒球比賽」贏得冠軍，洪榮宏做的第一件事不是慶功，而是帶領球隊就近到花蓮道場禪修。他不希望孩子們的心還停留在過去的風光裡，期望球隊能以平常心面對輸贏，並做了相當中肯的結論：「比賽是暫時的，教育卻是久遠的。球員的本分是盡力做好每件事，輸贏只是過程。當該做的都做了，贏球也就是自然的事了。」

洪榮宏養成靜坐的習慣，始於他到普門中學任職時，在佛光山培訓活動裡經師父指導而學會。他發現當頭皮、眼睛、臉頰、肩膀、手臂……一路全身放鬆下來後，整個人會變得異常寧靜。因此，他開始要求球員每天靜坐十五分鐘。經過長久練習，孩子們因為沉澱了心情，能更客觀檢討今日得失，並且做為明日的改進方向。另外，對於球員最容易產生的患得患失，靜坐也能發揮奇效，讓人舒心、開朗。

這些十幾歲的孩子都實際感受到靜坐的好處，因此在遭逢挫折時，也會用禪修來幫助自己。朱軒祺曾在情緒低潮浮動時，以禪修來應對。就他觀察，球隊的其他同學也是如此，尤其在發生爭吵或情緒激動時，效果尤佳。

洪榮宏舉了一個實例。有一回，兩名隊員吵得臉紅脖子粗，甚至到了要動手的地步。他隔牆聽了一會兒，然後把兩個人都叫到辦公室，不問任何緣由，直接請他們去靜坐，過了一段時間再回來，雙方態度都柔軟許多。一個月後再問他們的想法，兩人都自認有錯，不再只是怪罪對方。靜坐，真的是冷靜寧心、澆熄戰火最有效的辦法。

如果碰到特別調皮的小孩，洪榮宏會將靜坐延長至四十分鐘，最高紀錄是一次靜坐兩小時。其實，靜坐表面看似懲罰，實際上是陪伴自己度過心神不寧的方法。如今，靜坐不只是穩定球隊軍心的方式，更早已融入球員生活，成為他們終身的良好習慣。

三好教練的愛

除了靜坐以外，洪榮宏教練平日也會閱讀佛書、練習書法，他很喜歡摘錄《星雲法語》或《佛光菜根譚》金句，並且分享給球員。

每次出賽時，他習慣帶著一個大白板，從書裡挑選吻合當時心境的一段話，寫到白板上做為給全隊的叮嚀。上頭寫的可能是：「觀念改變，態度會隨之改變；態度改變，習慣會隨之改變；習慣改變，人格會隨之改變；人格改變，命運會隨之改變。」也可能是：「寧可讓人責罵，責罵能鞭策自己不斷成長；不要讓人寬容，寬容會姑息自己繼續犯錯。」

雖然球員沒有多說什麼，但他知道大家都會留意，就像場邊的球迷會拍照一樣。其實觀眾都很好奇，一個禪修的球隊，教練究竟會在大白板上寫些什麼。

由於洪榮宏經常引用《星雲法語》，所以球員也耳熟能詳。朱軒祺能列舉許多教練分享過的金句：「心無罣礙」、「處世無畏，和平共存」、「共創榮耀」……在教練的百般叮嚀下，學生記住了這些好話，並且從無數的大白板語錄中獲得鼓勵。

洪榮宏也要求大家每個月寫一篇作文。他不是在教國文，而是想透過這些文章看見球員的心聲，了解孩子是否缺乏愛或安全感。他曾在一篇作文裡看到孩子寫著：「親眼看到中風的父親，在自己眼前摔下樓梯後斷氣。」他的眼淚頓時流了下來，說：「就是感同身受啊！原來不順遂的際遇，不只自己有，孩子們也有。」從此，他就特別關照這名學生，希望給他更多溫暖，而這正是三好教練充滿愛的表現。

普門中學棒球隊在融入佛法的三好精神裡成長，蔡喆宇與王珈在「三好校園」的光輝裡茁壯。不同生命有各種不一樣的成長故事，但只要持守三好精神，就可以散發相同的燦爛之光。

第八章

四維高中：三好教育，百善孝為先

學生經過三好教育的教化，能將三好精神內化為性格的一部分，進而更加篤定行走人生路。

三好品格有許多面向，而孝順肯定是三好教育的最佳表率。在花蓮縣花蓮市的私立四維高中，三好楷模候選人陳柏旭、孝行獎被推薦人李螢螢，這兩位資優生用生命實踐出「孝」的美善。他們的經歷就像你我熟悉的街坊故事，樸實而動人。這是一種源自民間的生命力量，預告了臺灣光明的未來。

三好精神在夜市發光

陳柏旭是四維高中普通科高三的學生，他成長於單親家庭，因為爸爸與奶奶在花蓮東大門夜市擺攤賣衣服，他就跟著在夜市裡長大。從小他目睹父親與奶奶營生的辛苦，體會到攤販生涯的滋味，因此特別早熟。每日晚上八點，陳柏旭在校複習完畢後，就會到東大門夜市幫忙，直到凌晨收攤回家，隔日清晨六點再起床上學。這樣的生活日復一日，連假日都不曾休息。

同齡的年輕人多半愛玩貪睡，鮮少如陳柏旭這般甘願犧牲。他承認自己也有想玩的時候，但只要想到父親與奶奶的勞苦，就寧可放棄玩樂，幫忙家裡。他說：「奶奶年紀大了，所有收攤的重活，例如抬架子、搬衣服等，都由我與弟弟接手，這樣她就能先回家休息。」令人意外的是，陳柏旭之所以這樣做，並不是應父親的要求，純粹出於主動。

陳柏旭的體貼性格也展現在學校裡，陳慧萍老師說：「他熱心助人，經常當老師的好幫手。」某日，一名膽小的同學必須到教務處辦事，卻躊躇難行，陳柏旭見狀，便實際操作示範，帶著他跑了一趟教務處。

事後有同學問他：「每晚都在夜市幹活，下課休息都來不及了，幹嘛還招惹這個麻煩？」但陳柏旭不以為意，只是回應：「不過是舉手之勞，與其袖手旁觀，不如幫人一把。」完全展露其樂於助人的天性，他笑咪咪說道：「助人後常獲得對方的讚美或感謝，回報雖然很小，自己卻很開心。」

這種樂於助人的個性，在陳柏旭的夜市人生裡亦一覽無遺。他記得自己年紀尚小，還沒能力協助銷售時，經常只能獨自坐在一旁，「反正坐著也是無聊，看到隔壁攤燒烤店老闆忙不過來，我就主動去幫忙擦桌子、洗碗。」他並不覺得自己吃虧了，反而慶幸自己因此學會洗碗，他的分享不禁令人豎起大拇指。

溝通能力有助於學習

陳柏旭的人生字典裡有一句話，非常符合三好精神：「天底下沒有難事，只有不敢做的事。」他在夜市學到的技能特別多，其中最大的學習是「應對進退」。夜市裡什麼人都有，男的女的，胖的瘦的，老的小的，本國的外國的……當什麼人都得交涉時，他的溝通技巧也與日俱增。陳柏旭強調，做生意說話不宜太直，對於婉轉話語背後的涵義，要能心領神會。

因此，每當同學們發生衝突時，他總會扮演協調的角色：先讓雙方冷靜下來，再點出問題所在，化解雙方誤會，使大事化小，小事化無。當同學不太了解老師的指令時，也是由他居中協調，幫助老師明白學生的想法，讓師生溝通更為順利。顯然，夜市經歷讓陳柏旭提早跨入社會，比同齡人更為圓融通透。

或許是因為優秀的溝通能力，陳柏旭對於語文的理解程度，明顯比常人敏銳，很會抓重點。研讀國文往往不用思考太多，就能理解作者要表達的意思；數學則是另外一種訓練，因為做生意算錢不能錯，也不能太慢，所以陳柏旭的心算特別好。

由於陳柏旭的時間被嚴重壓縮，這迫使他做事更有計畫，特別擅長分配與利用時間：睡眠很少的他，會利用下課時間補眠來恢復體力；課業則盡量在學校複習完畢。他說：「凡是上課不懂處，都先勾起來，下課馬上問老師，立刻解決。」由於所有課業都在學校完成，不會占用放學後的時間，所以即使陳柏旭如此繁忙，成績仍維持在菁英班。

就連班上討論課業的風氣，也是陳柏旭不經意帶起來的。以往，菁英班學生競爭激烈，大家都不太願意互相幫助。但擅長溝通又樂於助人的陳柏旭卻願意開口提問，也樂於回答別人，在一來一往之間，班上的氣氛也漸漸改變了，他很高興說道：「在學測以前，班上的討論風氣已經建立起來。」雖然這是他無心插柳的結果，但也是令人讚許的三好行為實踐。

照顧癱瘓奶奶十年的孩子

四維高中另一位三好學生，是就讀綜合科高三的李螢螢。她的奶奶因病癱瘓而臥床十年，由於家中經濟狀況無法送奶奶到安養院，為家裡帶來非常大的照料壓力。懂事的李螢螢，從小學四年級就開始照顧奶奶。

李螢螢的父母因為工作繁忙，加上要照料奶奶，幾乎沒有餘力能放在子女身上，所以李家的孩子從小就很獨立。李螢螢還在讀小學時，就要負責做晚餐，父母回家若看到桌上沒有飯菜，她可能會因此挨罵。平日，她還得推著坐輪椅的奶奶去公園散心，協助媽媽幫奶奶洗澡、給奶奶餵飯……當她還是一個小學生時，幾乎就將所有長照工作都練習上手了。

對此，李螢螢並不覺得苦，反而很心疼父母。每當看到父母辛苦養家、為金錢爭吵時，她總感到很難過。尤其是媽媽蠟燭兩頭燒，壓力很大，經常獨自流淚，更令她萬般不捨。在這樣環境下長大的孩子，個性自然特別務實。李螢螢說：「我與哥哥從小買東西都會看價錢，絕不會因為自己喜歡而買。」這句話透露出人生不易，而一個人的成熟與懂事，往往是由環境磨出來的。

所幸，李螢螢非但沒有被壓力打敗，還練就一套生存之道，她紓壓的方法就是「運動」。李螢螢從小就有成為「女將軍」的夢想，但因為身高並未達標，高中無法如願進入軍校，她指望自己能再長高，將夢想寄託於大學。現在她每天放學會先運動半小時，進行長跑或伏地挺身，在鍛鍊體魄的過程中，也充分達到宣洩情緒的效果。因此，儘管生活壓力再大，這位堅強的女孩仍不失樂觀。

在多年照料奶奶的過程裡，李螢螢認為較大的難處在於，病人經常有情緒而表現出不配合的態度。面對這樣的難題，李螢螢向經驗豐富的媽媽請教後，才知道可以像帶小孩那樣的方式哄老人，必要時還得祭出誘因。李螢螢認為過去的自己也很有脾氣，會為了一點小事吵架，但經歷過這一切，她覺得自己的稜角好像已經被磨平了。

圓融處事、知恩圖報的三好態度

李螢螢進而領悟到，爭吵是最糟糕的溝通方式。所以現在每當遇到意見不合的場面，她都會先換位思考，同理對方的處境，如此一來，自己的怒火也往往澆熄大半。即使面對的是無理之人，她也會選擇先行退讓，等到彼此都冷靜下來再溝通，這樣做的效果往往出人意表。即使是成年人，也未必能表現出如此圓融的態度，但年僅高中的李螢螢就已知其精髓。

因此，父母對待李螢螢的方式猶如平輩，家裡大小事都會跟這個女兒商量。實際上，當一個孩子表現得像大人時，家裡就不會再把她當孩子對待了。

陳慧萍老師對李螢螢也讚不絕口，強調她一直擔任幹部，辦事能力傑出，而且人際關係很好，求知欲很高，是家庭與課業兼顧得宜的好學生。舉例來說，二〇二二年學校只有兩位學生同時通過會計資訊乙級、電腦軟體應用乙級的證照，其中一位就是李螢螢；另一名學生則因為自信不足，中途數度想要放棄，但在老師及李螢螢的鼓勵與陪伴下，終於一起順利過關。當時陳慧萍特別交代李螢螢：「你一定要幫我帶著她。」李螢螢真的不負所託，當起了小老師，只要這位同學的學習動力稍有停頓，她就會表達關心，並且想辦法幫對方克服難關，提升專業。在李螢螢的帶動下，兩人最後都成功取得證照。

提起此事，陳慧萍很是感動，因為拿到證照那天，李螢螢和同學寫了卡片，提著禮物來感謝老師，一點也不驕傲。這份知恩圖報的態度，正是三好精神的展現。

雖然一個人的好品格與環境息息相關，但並非所有辛苦的環境都能造就出孝順、懂事的小孩。若要順利培育出善良的孩子，天性、家庭、教育猶如不可或缺的金三角。

陳慧萍擔任訓育組長五年，在校內舉辦過許多三好活動，包括寫感恩卡、唱三好歌、選三好楷模、寫三好作文、閱讀三好文章，就是希望能讓三好精神內化為學生性格的一部分。陳柏旭與李螢螢都受到三好教育的教化，行走在三好道路上而更加篤定。

陳柏旭與李螢螢既是學生，也是小販與看護。他們為家庭一人分飾兩角，同時活出雙份人生。家庭型態造就他們的早慧，也為彰顯三好精神預做鋪墊。他們雖是三好楷模候選人與孝行獎被推薦人，但即使不透過任何競選，老天也已經將三好桂冠賜給他們了。

四維高中學生寫的歲末感恩卡，妝點出最美的聖誕樹。

第九章

前金國小：三好校園就是一場寧靜革命

一個沒有大肆喧譁，
也未大張旗鼓的教育運動，
以毫無爭議性的姿態，
在臺灣教育界進行一場寧靜改革。

走進高雄市前金區前金國小校長陳瓊如的辦公室，頓時遠離塵囂，她的辦公室窗明几淨，一塵不染，冥想音樂在空氣裡流淌，俗世煩擾彷彿在此煙消雲散。這位相當有氣質的校長，輕聲細語說起自己與三好校園的緣分。

三好校園先驅，將精神融入課程

陳瓊如十二年前曾擔任鼓岩國小的校長，當時「三好校園」活動剛起步，全國只有十三所國小參加，她是雲嘉南地區的唯一代表。後來「三好校園」風起雲湧，陳瓊如又將「三好校園」的概念帶到前金國小，先後成為兩所「三好校園」的灌溉者。

九年前，陳瓊如曾受邀參加一場由北京與臺灣校長舉辦的「京臺教育論壇」，她以「臺灣校園寧靜革命」為題，向中國大陸教育工作者介紹「三好校園」：「這是一個沒有大肆喧譁，也未大張旗鼓的教育運動，以毫無爭議性的姿態，在臺灣教育界進行一場寧靜改革。」她特別強調，申請「三好校園」很簡單，只要能貫徹三好理念的計畫，就能獲得「公益信託星雲大師教育基金」的經費支持，比申請政府經費還要簡單。她稱許佛光山是以「十方捐款迴向給十方」的態度支持這個運動，因此「三好校園」活動深受臺灣各級學校的歡迎。

回顧推行「三好校園」的歷程，陳瓊如記得第一年因為缺少參考範本，各校都是自行摸索，而她的做法是將三好主題直接融入教育課程，以主題月的方式執行。因為她的想法是：「曇花一現的活動可能很燦爛，但融入課程的深耕效益更佳。所以前金國小到現在都是採用這種運作模式。」這是可以永續發展的模式，一旦成功建立，無論能否申請到「三好校園」，對學校都沒有絲毫影響。

這究竟是怎樣的模式呢？陳瓊如使用一張坐標圖來說明。坐標圖橫軸是一學年十二個月分，每個月都擬定一個教育主題，每個主題有其品德核心價值；縱坐標則是深耕的年級、負責的行政處室、「三靜一動」的指導方針，以及可以利用的社區資源。各年級教師與行政單位必須根據「三靜一動」指導方針（閱讀文本、閱讀理解、學習策略、實踐力行），結合晨光媽媽的義工群、家長會、樂齡大學與社區所提供的資源，以課程模組深化核心價值的教學。

打造深耕三好的運作模式

在其他學校，負責三好活動的可能是學務組或活動組，但在前金國小，陳瓊如校長視此為全校同心協力的任務。所以，輪值處室必須每月一次在學生晨會宣導當月主題，並且利用各種管道，凝聚全校對主題月的共識。至於全校活動，特別是深耕年級，凡是任何與品格相關的教案或活動，都要圍繞當月主軸發想。由於三好具有極大的想像空間，有了可以聚焦的軸線，老師的教導就有了方向。在學校的大型活動、年級的中型活動、班級的小型活動交叉舉行下，就能產生很好的疊加效果，使三好精神的內化速度大幅提升。

陳瓊如進一步解釋，學校處室主管是輪調的，各屆主任的作風也不一樣。以宣導主題月為例，有的主任親力親為，選擇用大螢幕親自向全校解說；有的主任組織學生自治團體，由學生上臺介紹主題，讓孩子自己來教孩子。在教學上亦然，由於老師會跟著學生升級，同年級的老師會隔年輪替，所以即使是同一個主題，換了老師，教法可能就不一樣。因為這樣，全校教學主軸雖然一致，老師卻享有自由衍繹的空間，極具彈性。

例如二〇二一年十月的表定主題是「環保月」，核心價值是「愛護環境」，深耕對象為三年級學生。因此，老師帶著三年級所有學生製作環保酵素；有的低年級老師則帶學童去愛河邊淨街、淨河。十一月主題是「運動月」，核心價值是「主動積極」，學校決定請具備該特質的傑出人士到校演講，因此邀約登山家江秀真進行「生命典範分享」講座。十二月主題為「特教月」，核心價值是「尊重生命，有愛無礙」。由於當月正值聖誕節，前金國小便在聖誕節當天舉辦熱鬧的「點燈傳愛」義賣活動。

這活動具延續性，二〇二一年，前金國小配合國管樂的演奏，義賣學生製作的各色小花燈；二〇二二年的義賣商品，則是學生在美術課製作的蝶古巴特拓印帆布袋，買家是校長邀請來的功德主，學生也可以自行認購。

校方當天還安排「華山基金會」、「心路基金會」、「阿彌陀佛關懷協會」等十個非營利組織蒞臨，不僅透過介紹讓學生認識這些機構，更將當天義賣所得捐贈給這些單位。

前金國小義賣蝶古巴特拓印帆布袋，傳遞「點燈傳愛」價值。

海港城市的三好故事

由於高雄為海港城市，前金國小因位於高雄市，對環保也特別不遺餘力。學校正門穿堂陳列著一個巨型花燈，主題就是「愛護海洋」。這座花燈是師生共同創作，並於「全國花燈在高雄」競賽中獲得國小優等獎。花燈裡的主角信天翁、大翅鯨、海龜，都是前金國小學生很熟悉的動物，因為牠們也同時出現在穿堂的櫥窗，以及司令臺的壁畫上。

某年暑假，前金國小的環保作業也是透過這三種動物來鼓舞學生。暑假前，老師播放這些動物的保育影片，建立起孩子們的環保觀念，並且表示學生在暑假外出期間，若能遵守環保守則：使用環保杯、環保筷、塑膠袋再利用……即可獲得一點點數，學習單集滿十點即可挽救信天翁，二十點可拯救鯨魚，三十點則能挽救大海龜。學童對這個環保遊戲反應相當熱烈。開學後，所有達標的學習單都張貼在走廊上，看起來十分壯觀。有繳交學習單的學生還能參加抽獎，達到寓教於樂的效果。

在校長室裡，有一對很吸引人的「三好前金熊」玩偶，它們穿著由家長手工製作的前金國小校服，上面繡有「美力前金，三好校園」字樣，是家長會出資製作送給三好獎畢業生的禮物，後來又有民間善心人士主動捐贈三百組。除此之外，三好前金熊還有一段動人插曲。

二〇二一年防疫假期間，有位一年級學童的母親罹癌，由於父親為了照料母親，沒有多餘心力看顧孩子，學校因此決定以特例處理，讓孩子繼續上學，並由老師負起照顧責任。這段時間，為了讓孩子感受到關心，陳瓊如校長特別讓他帶一隻小熊回家做為陪伴。等到疫情趨緩重新開學後，這位學生的母親也已病癒，他才把小熊還給學校，而小熊的手腕上則多了一個幸運手環。每當陳瓊如看到手環，就會想

位於海港城市的前金國小，在穿堂陳列主題為「愛護海洋」的巨型花燈。

起這段溫馨的故事。

校長室還有兩款鼓岩國小的書包：橫式印著「做好事、說好話、存好心」三句箴言；直式則設計成「三好校園」匾額造型，印有星雲大師「三好校園」的墨寶。這兩款書包是當年鼓岩國小家長會的自製禮物，在兒童節發送給全校學生，既好看又實用。學校當時正逢閱讀月，小朋友就利用這個書包，將家裡的二手書帶來學校交換。陳瓊如經常會背這個書包出門，儼然成為「三好校園」的活招牌。

彩繪橋墩、打造農場精采紛呈

說起在鼓岩國小推廣「三好校園」的歷程，陳瓊如校長也有好幾個值得分享的精采活動。剛到鼓岩國小任職時，她看到學校正門矗立一座斑駁老舊的橋墩，體積巨大，而且看起來灰灰髒髒的，實在有礙觀瞻。有一次天主教協會蒞臨拜訪，陳瓊如突發奇想，邀請對方一起來為社區做點事，「一塊兒來彩繪橋墩吧！」沒想到這個奇想竟然成真了。

陳瓊如非常有行動力，她希望這是一件三級學校（是指高中、國中、國小）通力合作的美事，便邀集海青工商室內設計科、廣告設計科，以及前金國中美術班共同合作；專業到位後，她又商請油漆商家長贊助，讓資金也到位。至於大橋墩的繪畫題材，她在向里長與社區耆老請益後，得知愛河從前是運送木材之河，便決定以「愛河之前世今生與未來」做為構圖主題。於是，先由大孩子以粉筆構圖打底，所有學生接著一起塗滿油漆，彩繪大橋墩的浩大工程就這樣完成了。這座由學生彩繪的美麗橋墩，至今仍佇立在愛河邊呢！

另一個有趣活動則與臺鐵有關。鼓岩國小坐落在鐵道旁，深受火車噪音困擾。積極主動的陳瓊如因此拜訪臺鐵董事長，商討可能的補償方式。對方表示臺鐵並沒有編列這樣的預算，但可以為學校安排一列公益專車。於是，一趟去屏東糖廠、屏東藝術中心的全校旅行展開了。當天，這列專車還掛著三好列車的布條一起出發，非常拉風。

陳瓊如在鼓岩國小的另一項創舉，是將學校後方的廢棄宿舍改成小型有機農場，活動名稱就叫「無情荒地有情田」。從安全角度考量，任何學校旁若有荒煙蔓草的廢棄舊宿舍，不免會心存疑慮。但在諮詢社區大學教有機栽種的老師後，陳瓊如決定召集鼓山樂齡中心的阿公、阿嬤與學校義工，大家一起來改造這塊土地。他們打碎泥地、整地、補土、種植，一路自己動手做，終於在此完成一座三好農場。

三好農場開幕時，學校與當地素食餐廳合作，由大廚帶領全校師生舉行一場「三好廚王爭霸賽」，並且邀請高雄市政府國教輔導團的環境小組參加。比賽較量的不只是色香味，連做菜態度是否吻合三好，也納入計分。這件事經媒體報導後，還收到鳳山民眾的主動捐款。後來這筆經費就成為「三好早餐」的基金，用以幫助沒有吃早餐的孩子。

經過三好活動的薰陶，鼓岩國小與社區的關係變得更加融洽，社區也對學校產生認同感，三好農場銷售的蔬菜經常被搶購一空。對於社區主婦來說，這些蔬菜是自己小孩種的，又是有機的，可說是信任、情感與健康的結合，自然大受歡迎。

三好精神創造三贏

在推行三好校園後，前金國小也發生了改變。首先，學生的態度與氣質變得不一樣了。陳瓊如校長記得自己剛到任時，學校氣氛比較躁動，學生經常在走廊奔跑，而且屢有爭執。但在推廣三好運動幾年後，校園氣氛明顯變得比較友善、安寧。某次她偶然聽到兩位學生因意見不合而爭論，雙方情緒都有點激動，這時居於弱勢的學生說：「難道你不知道應該要說好話嗎？」對方一聽立即閉口，不再乘勝追擊。這就是三好精神的潛移默化。

其次，三好觀念對老師也有影響。剛推廣三好運動時，有位老師對此非常不以為然，甚至批判三好就是八股教條。但幾年之後，這位老師已成為親身實踐者，而且經常對義工媽媽語帶感激。誠如陳瓊如所言：「當好話說多了，行為舉止就變柔軟了。」

還有位主任起初對三好運動沒有感覺，認為這「只是一個計畫」而已，但參與推動幾年後，也因此完全改頭換面，現在他談起三好計畫，眼神總泛著光彩，表情很得意，且充滿成就感。老師們規劃的「三好說書人」、「三好淨街」、「點燈傳愛」活動，都讓孩子成長為具備表達力、關懷力與行動力的學生。

當然，家長也是三好運動的受益人。陳瓊如指出，家長會有時容易變得與老師對立，但三好運動展現的是，大家都是「教育合夥人」，親師應該通力合作，為孩子的利益著想。正因如此，她任內的國小家長會與學校關係一直很好，因此才催生出鼓岩國小書包與三好前金熊等禮物。

陳瓊如總結道：「三好運動可以匯聚所有善的能量，它是一個覺知的提醒，一個改變團體文化的隱形價值。這個看不到的隱形價值，可遠比舉辦一個活動、斤斤計較有多少媒體曝光、有多少參加人數，還更加重要。」

第十章

忠孝國小：三好在布藝教育閃閃發光

布藝不只能溝通感情，還可用於國際行善，將三好精神發揮得淋漓盡致。

高雄市鹽埕區的忠孝國小別具特色，該校擁有布藝教室與布藝課程，學生從一年級就開始學習穿針引線，認識布料；小學三年級便可正式上機，練習縫紉機的車線技術；到了高年級，許多學生已是縫紉老手，能獨立製作自己的鉛筆盒、圍裙、零錢包、便當袋、餐具袋、口罩、飲料袋等。當別校的小學生忙著玩皮球、唱童謠時，忠孝國小的學生已經像個小大人，踩著縫紉機，全力投入手作了。這種宛如傳奇的場景，讓忠孝國小在全臺「三好校園」裡顯得獨一無二。

走訪社區，認識家鄉

忠孝國小學務主任邱一晉指出，該校布藝教育的誕生，與鹽埕區的歷史有關。鹽埕區是高雄老市區，在一九五〇至六〇年代，該區曾以布莊、訂做店而聞名遐邇。但隨著成衣業興起，這段歷史便逐漸為人所遺忘，卻也為忠孝國小留下了可以發揮的空間。

顯然，忠孝國小的決定是睿智的。在面對失去的輝煌時，人們可視之為社會的遺憾，也可視之為歷史的資產，而忠孝國小選擇了後者。他們捨棄高雄市是工業城或海港城的傳統視角，而以布藝教育來重塑學校的形象。結果，這些課程果然成功建立起學生對鹽埕區的感情，也為忠孝國小塑造了獨樹一幟的鮮明形象。

忠孝國小布藝課程分為兩部分，一個是增強學生的技術訓練，另一個則是加深學生對鹽埕區歷史的理解。針對後者，學校還安排一系列社區訪查活動，帶著學生深入鹽埕區的巷弄，走訪具有代表性的布莊，拜訪隱藏在市井裡的布藝達人。

忠孝國小的藝術老師楊雅婷，親身帶領布藝課程的訪查活動，行程包括拜訪銷售高端布料的乾隆坊、經營平價布材的吳響峻布莊等。孩子們一口氣見識到這麼多綾羅綢緞與棉麻化纖，都感到好奇不已。

他們觸摸著不同布材的質感，顯得非常興奮。楊雅婷說：「雖然多數學生都是在地的孩子，然而，許多人還是第一次走進布莊呢！」

認識布材僅是探訪布莊的基本目的，這門課程要深入探討的主題，還有了解布莊在老街的地理位置、布莊師傅的工作內容、時代變遷對產業的影響、布藝傳承的文化等，學習內容會隨年級晉升而逐年加強。邱一晉表示，因為要將鹽埕區介紹給學生，所以除了布藝相關景點會列為重要行程外，非關布藝者，若是時間允許也會一併納入，例如奶茶一條街、金飾街、著名小吃等，讓學生對鹽埕區的認識更為完整。

學校不只帶領孩子認識歷史，社區裡一些最新、最潮的文創區，忠孝國小也沒有落下。這些地方設有許多與布料有關的展覽、商品與空間規畫，可以幫助學生更全面認識布藝的製造與運用。

忠孝國小不但帶小朋友走出去，還安排布藝達人走進學校。尤其在疫情變嚴重後更是如此。在忠孝國小的臉書裡，記錄著布藝達人蔣昀庭到學校上課的影片，這位資歷超過五十年的布藝達人，在堆滿作品的陳列桌前，向四年級小朋友介紹植物染、旗袍的各種花釦、布袋戲的戲服等相關知識。在達人解說完畢後的問答時間，有小朋友詢問：「蔣老師做過最難做的衣服是什麼？」而他的答案是「貼身打版的衣服」。

布藝是實踐三好的絕佳管道

由於這樣的課程實在與眾不同，因而激起了熱烈的迴響，從學生、老師到家長，整個忠孝國小都洋溢對布藝的熱情。

例如布藝課程的義工媽媽蔡憶文，就經常為了準備上課版型，忙到凌晨兩、三點才睡覺，而像她一樣狂熱者所在多有。她說：「忠孝國小的學生人數只有四百三十人，義工卻高達五十餘人，許多義工媽媽在孩子畢業後都捨不得離開，她們分擔的雖然是導護、植栽、圖書等工作，對布藝的熱情卻有志一同。她們知道，只要不離開，就能繼續學布藝。」布藝儼然為三好運動提供一個最佳的實踐管道。

忠孝國小的臉書上傳一段學童贈送教師節禮物的影片，每個孩子都自製一張謝師卡，全班則共同製作可以收納這些卡片的布包給老師。各班老師的布包花色都不相同，每位老師都喜孜孜展示自己收到的禮物。各色各樣的布包好看又實用，還承載了學生滿滿的愛心，而這麼獨特的福利，大概也只有忠孝國小的老師可以享有。

有鑑於布藝技巧繁多且能不斷精益求精，上課時間永遠教不完，為此忠孝國小又在寒暑假安排布藝營，讓有天賦的孩子、有興趣的老師與義工繼續進修。布藝有如一股凝聚學習的力量，不分年齡與身分，將志同道合的人聚集在一起，其樂也融融。而支持假期布藝營持續開辦的資金，通常就來自於教育部經費或「三好校園」的贊助。

老師們觀察到，有的孩子在學校縫不過癮，因此央求父母添購縫紉機，以便回家還可以繼續做；有的孩子把布藝精神內化為生活態度，變成喜歡ＤＩＹ的人；有的孩子日後直接就讀相關科系，把興趣變成專業。最普遍的是，即使在畢業後，他們仍會返校當布藝小義工，把興趣轉化為三好行為。

令人意外的是，小男生對布藝的熱情一點也不亞於小女生。邱一晉主任展示一張忠孝國小的臉書照片，一位目前就讀國二的校友林軍成，因為嫌老師教的鉛筆盒尺寸太小，居然自己修改版型，自製了一個超大型鉛筆盒。看著照片裡猶帶稚氣的男孩，很難想像這作品竟然是出自其手。

對於兩性的差異，楊雅婷老師補充道：「小男生或許對手縫缺乏耐性，但對縫紉機的態度就不一樣了，他們可以從駕馭機器裡獲得一種速度快感，因此顯得特別狂熱。」看來個中滋味唯有當事者明白，而且遠超出一般人的想像啊！

義工媽媽蔡憶文則觀察到，小朋友與大人車縫紉機最大的差異，就是大人總把困難想在前面，踩起車子容易有障礙；但小孩沒想那麼多，反而第一次就能上手。楊雅婷也注意到這差別，她說：「小孩就是敢『車』，他們不追求完美，只要能完成作品就很滿意了。」而這個「敢」字，正是技術突破的第一步。

還有一位五年級的布藝高手呂侑芸，她很享受創作的成就感，強調布藝就像是一連串的挑戰，超越了就想更上一層樓，研究更難的成品，技術也因此不斷精進。四年級的潘嬑希也是老師挑選出來的布藝好手，她對布藝只有一個大道至簡的想法，那就是「好玩」。這兩位學生由於技術過人，經常成為同學諮詢的對象，布藝等於也為她們創造實踐三好精神的機緣。

另外，呂侑芸認為布藝教會自己一件事：耐心。布藝絕對不是只有手作，因為做壞了就必須修正重來，而縫紉機的車線非常緊密，拆起來相當費勁，若是缺乏耐心，甚至可能會把布拆破，所以拆線就像是一種修行。

透過布藝交流與行善，彰顯三好

由於忠孝國小的布藝活動發展得太成功，因此學校成立了一個「布藝團」，成員有十位五年級的菁英學生，他們會代表學校參加各種交流活動。

邱一晉主任表示，這類交流已經發展至國際舞臺了。因應教育局「小校教育翻轉在地」國際交流計畫，忠孝國小兩度出訪日本與異國小學交流。在忠孝國小的臉書裡，可以看到他們拜訪關東枥木縣小山市小山城東小學校，以及九州熊本縣南阿蘇村中松小學校的影像紀錄。當時，忠孝國小攜帶著行動縫紉機出訪，現場表演之餘，也即席教導日本小學生布藝技巧。在影片裡，可以清楚看到展演的示範臺前掛著一縷橫布條，上面寫著「三好校園實踐學校高雄市鹽埕區忠孝國民小學」，儼然是一邊交流布藝，一邊推廣「三好校園」啊！

近幾年因疫情緣故，類似出訪活動暫停，但彼此的交流並未停止。今年忠孝國小特地縫製了防震頭套，送給地震頻繁的熊本縣富岡國小學童，厚厚鋪棉的頭套非常實用，而且戴起來就像大頭寶寶。當日本學童收到如此別致的禮物時，直呼：「好可愛啊！」這幕珍貴畫面也透過網路直接傳回臺灣。

此外，位於高雄的韓國國際學校，也有參與國際交流，並且與忠孝國小締結姊妹校，舉辦布藝愛心義賣活動，影片也同樣發布在臉書上，場面非常熱鬧。

布藝簡直就是忠孝國小的鎮山之寶，任何活動都能風風光光出場，熱熱鬧鬧登臺，進而激盪出歡歡喜喜的情感交流。

但最令人震驚的是，忠孝國小的布藝不只能溝通感情，還可用於國際行善，將三好精神發揮得淋漓盡致。在「傳愛兩萬里，衣起去非洲」國際活動裡，忠孝國小和林園國小的學生，一起和林園國小樂齡中心的阿公、阿媽合作，為非洲小孩製作簡易的洋裝、圍裙等。邱一晉說，一般都是捐贈二手衣，他們卻是製作全新衣服。教育部還為此發布新聞稿：「高雄市忠孝國小師生在不到半年的時間，竟合力完成多達千件的小洋裝、小短褲，送往非洲迦納、肯亞及盧安達三國。」這樣的報導真是令人振奮。

如今忠孝國小的縫紉機多達三十臺，據悉是因為行善感動企業家，所以獲得擴大規模的贊助，讓每位學生上布藝課都可以配一臺縫紉機，也算是好人有好報吧！

外籍學生喜歡的小學

忠孝國小之所以有頻繁的國際交流，並非全是因為布藝活動，該校還有一個與眾不同之處，就是「國際學生特別多」。邱一晉主任指出，學校曾先後出現過美國、日本、韓國、德國、法國、加拿大、印度、東南亞等不同國籍的家長。

鹽埕區早年是美軍經常出沒之處，國際人士本來就比較多。此外，忠孝國小也與中山大學有許多長期的合作計畫，兩校關係良好。忠孝國小曾以「三好劇團」參與中山大學「大學社會責任實踐計畫」（USR計畫），因有展演需求而搭起友誼的橋梁。加上兩校有地利之便，於是，一些外籍學生就透過中山大學的管道陸續來到忠孝國小。

邱一晉表示，有些外籍學生是中山大學交換學生的子弟，有些則由中山大學教授的學生家長推薦而來。總之，國際形象就像一塊磁鐵，一旦建立，就陸續招來類似的國際學生。當然，忠孝國小獨具特色的布藝課程，以及「三好校園」的優質形象，肯定也加分不少。

忠孝國小布藝課程的發展不僅止於此。由於布藝乃創意手作，具備了「創客精神」，所以當高雄市教育局與高師大聯手推動「自造教育」策略聯盟時，扮演恆星基地的高師大，理所當然邀請忠孝國小扮演行星基地，並且在忠孝國小設置了「創客空間」。

在這個創客空間裡，陳列了高師大提供的線鋸機、雷雕機、3D列印機等各種機臺，這些機器也開放給外校老師一起使用，以此發揮行星基地的功能。當忠孝國小的布藝課程與木工課程、科技設備結合後，作品發揮空間就更大了。

楊雅婷老師舉例，如果小朋友希望為布包加上印有校徽的木製吊飾，就能透過這些機器完成自己的想法。因為是由老師操作機器，所以學生沒有安全上的顧慮，可以盡情表現作品的獨特性，值得欣喜。

臺灣罕見的書法教室

忠孝國小因為擁有布藝資源而發展出相關課程。無獨有偶，該校還享有另一項資源：書法。當今小學已鮮少有書法課程，頂多只會納入語文課程裡，不太受重視；然而，忠孝國小卻反其道而行，非但沒有放棄書法教育，甚至向教育部提出專案申請，設置了一間書法教室。

書法教室與正規教室的差別在於，其桌面較大，方便置放毛筆、墨、硯臺，也能避免在臨帖揮舞之際彼此碰撞，而且每張桌面還設有鋪墊，利於吸墨。這樣的書寫環境，真是既難尋又難得啊！

邱一晉主任對此心有所感，他認為忠孝國小之所以能建立布藝課程，是因為先有精通布藝的義工媽媽與老師；同理，因為擁有很棒的書法老師做為後盾，學校才得以大力推廣書法。教授書法的老師是忠孝國小的退休主任嚴智權，如今雖已八十餘歲，依舊孜孜不倦，不但以義工角色傳授書法技藝，還自備獎金頒發給表現好的學生，讓忠孝國小的藝能表現多一個強項。

邱一晉繼續補充，日本東大阪兒童籃球協會來臺參觀時，曾特別蒞臨忠孝國小，而布藝教室與書法教室就是他們的參訪重點。那一天，兩校的小學生還一起練筆，日本籍學生家長也特地前來幫忙翻譯，為臺日雙方留下精采的交流記憶。

忠孝國小雖屬小校，但鹽埕區的學生僅占二至三成。據說有許多跨區就讀的小朋友，就是因為其「三好校園」、布藝課程、書法，以及優質教學行政風格。無論如何，忠孝國小能在藝能表現上大放異彩，主要源自三好精神的具體實踐。先有樂於付出的義工老師，又有熱烈回應、努力爭取資源的學校，才出現努力學習的孩子，這正是一個美妙的三好循環。藝能雖非主科，卻能創造學校的三好價值，並且開發學生的「自造技能」與「創客精神」，值得大加稱許。

八十餘歲的退休主任嚴智權仍孜孜不倦的為學生傳授書法技藝。

第十一章

健行科技大學：好學有禮，老師先以身作則

潛移默化的三好精神，
不只影響學生的校園生活，
更是一輩子的人生。

拜訪桃園市中壢區的健行科技大學，可以發現一個有別於他校的文化：學生在進電梯前會排隊；進電梯後，站在門邊的學生會為所有人按電梯樓層；被服務的人在出電梯之前，則會一一向幫忙按電梯的人道謝。

根據健行科技大學學禮書院院長羅新興的觀察，校內絕大多數學生都具備這種好習慣，儼然已成為健行科大的慣例，即使是校長進電梯也不例外，照樣替大家服務。

這就是健行科大表現卓越的「電梯文化」。雖然只是一樁小事，卻反映出一個人的基本素質，而三好教育就是從這些看似微不足道的小處開始萌芽。由於品德教育應當從小開始，等到長大後品格定性便不易扭轉，是故歷年來參加「三好校園」的大學明顯偏少，表現突出者更寥寥可數。因此健行科技大學推廣三好教育的做法，就顯得別具意義且富有參考價值。

三好從老師身教開始

羅新興院長表示，健行科技大學的校訓是「好學有禮」。二〇一八年，該校為了實踐校訓，特別成立「學禮書院」做為推廣單位。隔年，李大偉校長發現「三好校園」的理念居然與校訓不謀而合，因此決定加入，三好教育與校訓的推廣就此合而為一，成為健行科大的努力方向。

形塑文化說起來容易，做起來卻不易；就像三好教育，問題並不在於認知，而在於執行。因此，羅新興一開始的三好教育策略，並不是直接教導學生，而是先從學校教職員開始，邀請他們以身作則。

這場文化改造行動的第一步，就是培養師生之間打招呼的習慣，這是做人最基本的禮貌。為了達到這目標，健行科大建議老師上課時先對學生問好。因為只要老師先行問候，學生自然也會回應；下課後，學生也會向老師致謝，因而建立起一個彼此尊重的正向循環。羅新興計算過，如果大學期間必須修滿一百二十八個學分，等同於學生在畢業前會向老師問好一千次以上，日積月累就能養成禮貌習慣，並且深化為教養的一部分。

為了讓師生養成禮貌習慣，健行科大還設計許多配套措施。例如老師與老師之間必須要先認識，才可能打招呼，所以健行科大為教職員規劃了社團活動：只要跨三個單位、十五個人以上，就可以申請社團，學校還會提供聚餐與購買設備的經費。羅新興指出，目前校內已有跑步健走、籃球、羽球、舞蹈、咖啡研究社等十四個社團，當同仁彼此聯絡感情之後，推廣打招呼的禮貌運動就更容易了。

另外，健行科大也有例行的教職員工成長活動，由八個行政單位輪流執行，每學期約舉辦四場，每場歷時一個半至兩小時不等。活動內容多為宣揚各種文書禮儀，如公文簽呈的撰寫方式、收發 Email 的細節、LINE 留言方式、講電話的態度等，皆關乎職場協調的禮節。

羅新興為了讓活動內容符合需求，在舉辦前會先與主辦單位做深度溝通。一般來說，最好的做法是以活動取代演講，讓參與者感覺像在玩遊戲，而不是聆聽八股教訓。他以學禮書院辦過的一次活動為例，活動形式是直接從電視節目「全民星攻略」複製而來，全程以寓教於樂的團隊搶答方式，傳遞公文禮儀知識。這活動雖然是自由報名，但同仁參與的熱情不減。

經他統計，全校五百餘名教職員，至少有三、四百位同仁一學年參加過一場。一開始有些人擔心不參加會影響考績或被懲處，但羅新興強調，這些活動全部是自由報名，校長從未要求檢視參加名單，全校就只有他知道誰參加了這個活動。為了鼓勵同仁，活動還會準備各種飲料、點心，甚至只要占用午休時間就準備便當，因此在有趣、實用之餘，還具備福利性質。

健行科大的教職員工成長活動，有職場禮節等各項豐富內容，大家獲益良多。

善用評分機制與社團推廣三好

健行科大還有一套檢核禮儀的電腦系統，全校師生期末皆可上網登記。例如老師可以為各班的三好表現評分，學生可以為老師的三好態度評分，師生也可以為行政人員的三好表現評分，這種評分也是採取自由制。根據以往經驗，校內五百餘位教職員裡，每學期約有三、四百位會上網評分；在一萬一千名學生裡，大概有十分之一的學生會主動評分。獲得高分的好評者可獲得獎金與獎牌，還會透過全校幹部座談會、教職員會議等方式，當眾接受表揚。

羅新興院長指出，為了避免不公平，這些評分的計算方式都經過嚴密設計與規劃。比方說，必須有接觸經驗者，評分才納入計算；不同單位受制於不同屬性，也有不同的加權方式。所有的評審都只有獎勵，而沒有處罰。之前原本只有團體獎，近期則增加了個人獎。

就他的經驗而言，大概在兩千份問卷裡，會出現一百個意見，其中三分之二是表揚，少數是批評。對於那些受到負評的人，基於「揚善於公堂，規過於私室」原則，羅新興皆視之為個案而非通案，盡量以不打擊士氣為原則。至於負評名單，全校也一樣只有他知道，而且會透過單位主管，以規勸的方式溝通協調。他指出，一個團體裡總會出現少數EQ比較差的人，所以容易有負評集中的現象。經過輔導，多少也對他們發揮了提醒的效果。

另外，羅新興幾乎每週都會寄一封提醒信給全校師生，包括守時禮貌、電梯文化、公文禮儀、職場倫理等內容。這些信僅有短短幾行，是透過學校計算中心，在開通同校師生電子信箱的三分鐘內統一發布。羅新興表示，因為學生是代代新人送舊人，要維持對禮儀文化的認同，就必須透過一次又一次的提醒來建立共識，「只要文化建立起來，師生的行為就是以文化來規範，而非以規定來規範了。」

羅新興不斷強調：「對大學生不能像中、小學生，利用他律以法治人，只能以文化影響人，速度雖然慢，效果卻最好。不要制止負面行為，而要彰顯正面行為。因為前者會產生副作用，使得好事也變成壞事了。」

為營造校園的三好共識，除了提倡老師以身作則外，還有另一個聰明做法：透過社團來製造聲量。為此，學校成立了「樂社」與「觀社」，羅新興先後擔任這兩個社團的指導老師。

樂社顧名思義，是鼓勵助人為快樂之本，方式則包括從有形的助人到無相布施。活動內容則有設計營隊、帶孩子去淨山淨灘，以及推廣種樹與蔬食等。偶爾學校要辦理大型活動，也是透過這社團去商借環保餐具等資源。

觀社則強調反觀自省，推廣「內觀心，外觀行為」，所以這個社團會舉辦母親節或教師節活動，發揚美好的傳統倫理價值。羅新興指出，如果是學校要求學生替教師過節，總有點不自然，但透過學生來鼓吹給老師寫卡片，送束脩，那就順理成章了。現在同仁每到教師節，一想到有學生會替自己過節，也都感到特別高興。

愛心待用餐，體現三好精神

健行科大還有件值得一提的傳統，那就是「愛心待用餐」。羅新興院長記得這制度始於八、九年前，當時，有位學生家長捐了好幾萬元給學校，指名要設立「愛心待用餐」。原來這位媽媽年輕時家貧，白天當女工，晚上讀進修部，經常窮得沒飯可吃。每當被同學問起，就會謊稱自己吃過了。後來有位細心的同學發現此事，竟每天帶一個大便當來與她共享。這件事讓她感動莫名，從而發願：「等到將來有能力，一定也要回饋社會。」

四十年過去，這位媽媽決定實踐當初的願心，因此連續幾年捐款給學校，購買愛心待用餐，唯一的要求是「不要傷害被幫助學生的自尊心」。為此，羅新興找了校內一家可信賴的餐廳老闆，將款項寄在店裡，只要有學生要求吃待用餐，老闆就義務提供，絕不多問一句。學校老師知道後，便建議有需要的學生可以前往使用。這家餐廳的牆面還貼著這位媽媽的故事，特別打動人心。

學校每個月也會去餐廳確認帳款，了解經費的運用狀況。目前「愛心待用餐」已營運多年，通常每年會支出兩、三萬元，一個月大概用掉兩千餘元，但餘額總是大於花費。這家餐廳也幫忙收取捐款，僅接受學生小額捐款，老師則無上限。校內也一直有老師持續贊助這筆基金，每次都是千元起跳。令人欣喜的是，由於捐款金額永遠多過使用金額，所以這筆愛心待用餐的「種子金」始終生生不息。

「經過如此長期的經營，健行科大產生了什麼樣的改變呢？」當羅新興被問到這問題時，只是客氣表示，或許是因為自己身在其中，所以沒有太明顯的感覺。但外來的客人常常會驚嘆：「健行科大的電梯文化真有禮貌。」打掃清潔的阿姨也反映，教室不再像以前一樣，經常掃出一堆飲料空罐與垃圾，課桌椅也不會再被隨便搬動移位了。

確實，三好精神是透過潛移默化慢慢培養，對學生的影響不只有短暫的就學生活，而是一輩子的人生，這正是「三好校園」最珍貴的價值所在。

◆附錄

「三好校園」操作守則

「三好校園」活動推展迄今，已經邁入第十二屆。一開始，各校都不知道該如何推廣三好校園，但隨著時間累積，現在已出現許多值得大家參考的成功範例。

綜觀各校的操作模式，最多的就是詮釋何為三好，例如舉辦「三好歌」比賽、「三好作文」競賽，或是以「三好運動會」提倡運動精神、以「三好劇團」表演三好故事，以及鼓勵閱讀刊載三好文章的《人間福報》等。其中，最直接明確的做法，就是成立「三好社團」，舉辦各種三好活動。

另外一種操作方式，則不外乎從小發展至大，由個人延伸至團體，是以單一個體起步，再向外無限延伸。因此可以從學生、教職員、家長等個人道德品質的要求開始，再慢慢觸及班級、校園、家庭、宿舍、社區、全臺灣、國際、大自然。起初重視自我要求，在達標以後，則強調對外界的影響力。也就是說，從經營「三好班級」、「三好校園」起步，之後就要跨出校園，向外延伸。這種由內而外的發展，是一種生生不息的有機體，能夠產生疊加效應並不斷擴大，最終形成綿密而堅韌的三好網絡。

三好校園的起步大抵從營造氛圍開始，以三好標語、三好活動時時提醒，讓全校每位師生沉浸於三好環境中。至於改變行為的第一步，大多從提倡「禮貌」開始，進而培養「感恩的心」，並且結合學校正式課程的實施，尋找可以學習的「優良典範」，從而仿效其「服務精神」，成為一個「樂於助人」的三好人，形塑校內的「三好文化」。

在逐步建立起校園的三好精神後，接下來便是跨出校園與宿舍，對外發揮影響力，此時可進一步走入社區，邀請家庭參與學校的三好活動，締造「三好家庭」與「三好社區」。行有餘力者，還可將三好精神發揚至全臺與國際，甚至擴及大自然，以「保護環境」、「保育動物」收尾。

由此觀之，經營「三好校園」是要從一個點發展成線，進而變成一個面，讓三好精神不斷膨脹擴充，外溢延伸，其效益才會愈來愈大，而學校在發展過程裡，擁有充分的彈性空間。許多受訪學校反映，由於品德教育無所不包，範圍寬廣，幸得佛光山提出「三好」，擁有明確的參考標準，使師生間比較容易溝通，學校的操作也更為輕鬆。在具備完整的三好定義後，再搭配綿延不斷的活動創造，「三好校園」就不只是「三好校園」了，而這有賴所有教育工作者一起努力。

以下提綱挈領整理了各校的三好活動，同一個活動或許會在不同分類有所重疊，這是由於單一活動往往能達成不同目標，故分類只是一個思維理路的整理，提供給各校參酌。

方法一：從三好入手

・直接詮釋三好

直接詮釋法是各校最常操作的方法，透過舉辦各種結合文藝與運動的三好競賽，可以使三好概念變得立體、活潑，即使是簡單的唱歌、跳舞，也能有所變化並創造新意。

操作模式

唱三好歌、跳三好舞、寫三好作文、編三好刊物、演三好劇碼、書寫《人間福報》三好心得或彩繪心智圖、聯絡簿每日摘錄一句三好

崎峰國小的「雲水書坊－行動圖書館」，推廣三好閱讀。

嘉言；舉辦三好說書人講故事比賽、三好運動會或三好園遊會；鼓勵閱讀好書，或是加入「雲水書坊－行動圖書館」的閱讀活動；舉辦社團幹部訓練，倡議三好精神。

典範學校

宜蘭縣佛光大學學務處身心健康中心主任鄭宏文表示，三好歌是營造學校氣氛的最佳法寶。佛光大學每個新學年皆舉辦唱歌比賽，曲目包含校歌、三好歌及一首自選曲，因此每年新生入學，全校到處充斥著練唱三好歌的旋律。為了讓三好歌深入人心，學校對於三好歌的表現方式也很開放，學生可以搭配動作、道具跳舞，甚至還能自行改編，例如加入一段 Rap，使三好歌出現各種活潑的變化版本。

據了解，有一次外文系把三好歌翻譯成英文，後來學校去南非從事國際義工服務活動時，這個英文版本就派上用場。鄭宏文強調，三好歌是學校埋在學生心裡的種子，只要不斷灌溉澆水，三好精神就慢慢發芽了。由於三好歌是校園回憶的一部分，許多學生因此充滿共鳴。學生會前任會長溫翌伶認為，三好歌就是佛光大學永遠的校歌。

為了建立校園的三好文化，佛光大學還舉辦社團幹部訓練，將所有社團一百多位正副社長、幹部及系學會長聚集在一起。這樣既能讓大家相互認識，也希望以此來凝聚大家的三好共識，進而舉辦具備三好精神的活動。

負責這場「大幹訓」活動的溫翌伶指出，如果只是單純反覆倡議三好，其實不太容易聚焦，所以他們都會擬定每年的訓練主題。以最近四年為例，分別是代表溯源感恩的「源」、薪火相傳的「薪」、講究品質的「質」，以及因應疫情的「轉」。這些活動都是在高雄佛光山舉行，讓所有幹部都能接觸佛館，親自感受佛館裡所有人對學生的付出。當心生感恩時，三好思維也就扎根了。

方法二：營造學校的三好活動

・經營校園氣氛

這是最簡單的起步，許多學校都做得很好。這裡提供比較特殊的做法。

操作模式

張貼具三好內涵的名人語錄、標語、海報、旗幟；設立功德牆，感謝功德主；展示足以彰顯學生三好行為的特殊物件。

典範學校

臺中市大里區塗城國小有個名為靜心亭的角落，其建材來自小六學生吳善文住家對面的五十歲老樟樹。二〇一一年，由於老樹擋道，影響馬路擴建，政府有意將樹砍除。對於吳善文來說，這棵老樹陪伴自己長大，有深厚的感情，因此她便到處寫信陳情，甚至寄給當時的市長胡志強。最後，區公所被愛護老樹的小學生感動，決定將老樹遷移至公園，無奈遷移過程中，高達八公尺的老樹被迫修剪為五公尺，後來修剪下來的樹枝就送給塗城國小，用以建成穿堂裡的靜心亭了，這件事還吸引多家媒體報導。雖然此事發生在塗城國小實施「三好校園」之前，仍頗具代表性，而這座靜心亭也就成為學生展現三好行為所留存的美好所在。

‧提倡禮貌的態度

禮貌養成是每個學校付諸努力的項目，各校做法大多是從校門口問好開始，透過不斷提醒，抱著鐵杵磨成繡花針的精神，期許慢慢改變孩子的行為。關於禮貌的宣導，其實還有其他變化版。

操作模式

從進校門的那一刻起練習，養成問候的習慣；提倡電梯文化與職場倫理，建立禮貌習慣等。

典範學校1

高雄市鹽埕區忠孝國小的做法很有創意，他們規劃了「好話卡」，當學生走進校門時，只要對導護老師、警衛、義工媽媽打招呼，即可獲得一張卡片。集滿五張可以兌換一張美德卡，集滿五張美德卡就能兌換禮物。禮物內容包含餅乾、果汁，以及「臺灣玩具圖書館協會──高雄玩具碼頭」提供的二手玩具等，小朋友可自行挑選。由於忠孝國小沒有合作社，所以點心就格外吸引學生。雖說利誘是為了培養習慣，但忠孝國小邱一晉主任後來發現，或許是高年級孩子對玩具、點心已經無感，他們寧可蒐集好話卡，也不兌換禮物，心態就好像在蒐集尪仔標，以致學校必須一直加印好話卡才敷使用。

典範學校2

運動就是一場爭輸贏的競賽，因此特別需要三好精神的規範。國立臺灣體育大學擬定了比一般競賽更嚴格的校規：校內比賽前，學生要進行三好宣言；競賽時，只要選手在場上爆粗口，就算是犯規一次，犯規三次要處以罰球，超過三次則被判出場。劉裴斐教官強調，這些學生將來很可能會當教練與體育老師，所以三好教育對他們格外重要。

・培養感恩的心

培養感恩的心是每個學校必定會做的三好活動，母親節、父親節、教師節、聖誕節、佛誕節……都是適合的時機。其實感恩的對象不一定是親師，任何對學生、學校有特殊貢獻的人，都可以是感恩的對象。

操作模式

對親師奉茶按摩活動、全校寫感恩卡、舉辦校內點歌說愛活動、角色易位的師生顛倒日、透過聯絡簿每日感恩一個人、為功德主建立功德牆等。

典範學校1

嘉義市志航國小的母親節活動，可說是所有家長最熱中的活動，許多家長甚至會事先打聽日期，特地請假前往參加。志航國小校長吳秋鋒表示，該校的母親節活動大概歷時兩堂課八十分鐘，活動內容依低、中、高年級各有規劃，由老師自行設計，而且每年都不相同。例如低年級是親子合畫一張母親卡；中年級是孩子要對媽媽奉茶，在班

志航國小每年都會舉辦溫馨的母親節活動，家長熱烈參與。

上公開向媽媽表達愛；高年級孩子則是親子共做一份點心。此外還有一個活動的最高潮：由全校八百位學童齊聲為母親獻唱。這種集體力量通常能營造莫大的氣勢與能量，帶來萬般感動與震撼。

尤為特別的是，該校的教師節活動會選擇以古禮舉行，學生要奉茶，進行拜師儀式；家長會長則贈送束脩。所謂束脩即為肉脯，志航國小以豬肉乾取代，再搭配水果、米酒，透過活動解釋古禮，寓教於樂。

典範學校2

佛光大學在創立時，即設有私立學校公立收費的制度，學費足足節省一半；至於不足的部分，則是由信眾每月捐一百元的功德款支持，讓家境清寒的子弟不再為學費所苦。所以，佛光大學有一面專門感謝功德主的功德牆。當佛誕節功德主代表蒞臨學校時，前學生會會長溫翌伶會帶著各系學會會長獻上感恩卡，向功德主表達謝意。

典範學校3

塗城國小也有一面感恩牆，那是為天和生物股份有限公司所設，該公司董事長劉天和（即天和鮮物創辦人）在十七年內捐款超過兩千萬元。即使他已於二〇二〇年因病去世，塗城國小依然在校內的感恩牆上懷念著他。

典範學校4

花蓮縣私立四維高中在疫情期間，將十二月訂為「感恩節」，全校舉辦感恩卡回饋活動，鼓勵學生感謝公車司機、醫生、護理師等所有防疫英雄。花蓮客運董事長在收到學生的感恩卡之後，也特別向學校表達他感動的心情。

・找到學習的典範

票選優質的「三好楷模」是常見的方式，但楷模不一定僅限於校內，「傑出人士」也可以成為孩子效法的對象。

操作模式

票選三好楷模或品格之星、票選模範社團、邀請傑出人士至校內演講。

典範學校 1

嘉義縣民雄鄉大吉國中校長邵冰瑩指出，該校弱勢家庭的孩子特別多，大約占全校一半。

這些孩子因面臨家庭困境，容易對自己失去信心，所以學校會特別邀請一些名人蒞校演講，讓孩子知道講者曾同樣遭遇挫折，也是克服了重重難題，才變成今天的自己。大吉國中固定每年邀請一位特色人物前來演講，受邀者包含奧運金牌郭婞淳、改邪歸正的謝智謀教授、殘而不廢的畫家楊恩典等。

邀請名人絕非易事，因為他們行程太忙，例如聯絡郭婞淳的時間就長達一年半之久，學校甚至為此調整行事曆。但名人演講的效果都非常好。

大吉國中學務主任侯文傑舉例，謝智謀在演講中與學生分享，自己小時候經常被家暴，中學加入了幫派，因為參與群毆造成死傷而變成感化生，後來發憤圖強成為教授。一位情緒障礙孩子對此深有體悟，並且在心得報告寫道：「雖然他小時候走錯路，但只要改變，就能成為幫助社會的人。」

一個動人的真實故事，可能比成千上百次說教來得有效。

大吉國中邀請口足畫家楊恩典到校進行品格教育講座，楊恩典老師還當場作畫給美術班孩子欣賞。

典範學校2

志航國小舉辦「生命感動生命講座」，他們邀請生命鬥士來校分享，例如推出「畫亮45度天空」畫展，以口作畫的重度腦性麻痺畫家鄭慧蓮；具有多重障礙卻精通桌球、網球、直排輪的運動高手蔡傑。吳秋鋒校長表示，當孩子看見這些生命鬥士先天的疾病，卻仍能表現如此卓越，就會產生反躬自省、力求上進的態度。

典範學校3

典範可以是個人，也可以是團體。票選三好青年僅是一個人在做三好，選擇一個團體做為表率，則是鼓勵一群人力行三好。佛光大學每年會舉辦「金蜂獎」，從全校七十餘個社團裡，選出三個最具「三好四給」價值的團體。之所以稱為「金蜂獎」，是因為這群人可能如蜜蜂般默默做事，而其辛勞成果如蜜般造福大家。

典範學校4

臺北市景文高中將三好模範生的個人照片製作成人形立牌，放置在校園內，隨時提醒大家重視三好精神。此舉打破嚴肅的三好楷模表現方式，相當平易近人。

・培養服務精神與助人的習慣

服務精神是所有服務性社團的訴求，也是推廣三好校園最重要的目標。這是三好精神的應用題，可當作檢視三好運動成果的指標，也可以做為努力的方向。

操作模式

拜訪安養院與教養院、到偏鄉小學舉辦夏令營、淨山淨灘掃街服務、快閃撿垃圾活動、舉辦募款捐贈活動、設立校內餐廳的愛心待用餐、擔任各種學習服務的義工等。此外，也包含在入學始業式或新生訓練時，宣示三好青年宣言，期許自己能成為更好的人。

典範學校1

佛光大學心理系與鄰近的宜蘭縣礁溪鄉三民國小，有一項義工服務學習計畫，透過這個合作案，讓心理系學生走進教學現場，從中觀察小學生在學習過程的心理認知，同時擔任協助老師教學的義工。

三民國小校長林清輝表示，由於該校有不少特教生，上課時難免會有突發狀況，例如突然跑出教室等，往往會對老師教學造成很大的干擾。此時若能多一個助手在旁支援，將會帶來莫大的幫助。佛大心理系學生正是扮演這樣的角色，大學生可以一對一安撫特教生情緒，並且確保學生的安全。

這個合作計畫已執行三、四年，三民國小的老師、學生，以及佛大學生反應俱佳，可說是一個三贏計畫。義工學生在學習心得裡反映，無論是心理學理論與實務的差距，或者是特教生狀況的複雜程度，都讓他們深感震驚。對未來要從事心理諮商工作的學生而言，這些真實的教學現場經驗相當寶貴。最重要的是，學生在學習的過程中也回饋了社會，這實在深具意義。

典範學校2

特別的是，佛光大學有一個新生說明會與新生定向活動。學務處身心健康中心主任鄭宏文指出，十八歲學生多半是第一次離家，開始學習獨立，所以學校特別設計這個「成年禮」的活動。

新生說明會的內容每年都會微調，他記得某年的典禮現場，各學院院長手持各院的象徵物，穿過一道氣球拱門，將信物遞交到學生手上。在新生定向活動裡，則請學生寫信給未來的自己，表達對自身的期許。這些信被封藏在扭蛋裡，接著將所有扭蛋集中起來，一系放一甕，然後埋進校園的土裡，留待四年後畢業時再挖出這些時空膠囊，屆時可檢視自己是否達到目標。

在這場活動裡，系代表還會一起進行「三好青年宣言」，期許成為一個更好的自己。

典範學校 3

新北市三重區格致中學的三好學社社長李咏璇，就曾經籌辦「鄉聚在一起公益旅行」，他們帶孩子唱三好歌、跳三好舞、舉辦有獎徵答活動，還帶領小朋友分組拍攝詮釋三好的影片。她認為帶小孩的過程很辛苦，不過很有成就感，自己的收穫特別多。她發現經過規劃活動的訓練後，回過頭來規劃學業專題時，竟然也有所進步。此外，她不僅提升了溝通協調能力，ＥＱ也變好了。最重要的是，她享受到付出的快樂，就連回顧活動紀錄影片都會很開心。

典範學校4

屏東縣林邊鄉崎峰國小與鵬管處合作，在暑期舉行「小小濕地解說員培訓活動」，小朋友不但習得與家鄉有關的專業知識，還練習了將這些知識表達出來的口才技巧。在參與服務學習活動的同時，也培養了付出與服務精神，真是一舉數得。

典範學校5

志航國小的兒童節活動是舉辦「跳蚤市場」，請學童將家裡不需要但仍堪用的東西帶來義賣，款項則會捐贈給各個社福機構。由於捐贈對象是由各班自行決定，學校因此收到了來自各方的感謝狀。這活動教導孩子循環利用與行善，遠比單純唱歌跳舞的兒童節更有意義。

‧形塑三好文化

想建立文化，有賴於長期操作各種活動而成，但要如何將之系統化、制度化，則是值得深思的問題。由於宿舍也是校園的一部分，所以讓三好精神深入宿舍，同樣可以做為參考。

操作模式

在宿舍張貼各種三好標語、舉辦三好活動；成立學生自治組織，讓學生依循三好精神，發揮出自律的特質。

典範學校

國立屏東大學的三好宿舍，即是以管理有序而聞名。該校總共有十六棟宿舍，住宿人數高達四千人，占了全校學生的四成。想要管理這麼龐大的宿舍，若沒有兩把刷子，肯定會搞得一團亂。生活輔導組長王俊傑透露，為了建立良好的管理制度，他們以優先挑選房間、床位、優惠住宿費用等誘因，招募宿舍的樓長與棟長，並且設立學生自治團體。這些學生就是學校的三好種子，許多學校的活動與訊息，都是透過他們傳遞出去，也透過這個團體發揮同儕間的自律力，達到有效管理宿舍的目的。

負責管理宿舍的古佩玉小姐表示，三好宿舍有個優良傳統：每當新生入住時，學長姊必須發揮三好精神，協助學弟妹搬運行李。在入住之後，學校還會舉辦宿舍公約有獎徵答活動，平日則舉行宿舍整潔活動，所有活動皆以禮券做為獎勵。在冬至與聖誕節，自治組織也會安排歡慶活動，撫慰離鄉同學想家的心情。一般來說，大學團體活動若非真的具有魅力，通常很難吸引學生參與，但屏東大學宿舍活動的人潮卻非常熱絡，著實令人讚嘆。

屏東大學三好宿舍標語寫著：「做好事、説好話、存好心」。

方法三：將三好精神擴及校外

・邀請家長參與學校活動

邀請學生家長參與學校活動，是將三好精神融入家庭的最佳橋梁。最常見的是節慶活動，例如母親節、教師節、校慶等。但隨著網路發達，非實體活動也可以是選項之一。

操作模式

透過節慶活動、祖孫週、媽媽讀書會或社區讀書會，增加親師互動；發行三好刊物、建立親師網路群組，搭起雙方的溝通橋梁。

典範學校1

大吉國中校長邵冰瑩分享多年前的經驗，那是她在布袋國中任職時實施的活動。因為三好的目的就是你好、我好、大家好，因此她舉辦了「社區讀書會」，希望把家長也納入三好影響力的範疇。當時布袋國中僅有兩百名學生，參加的家長大約十餘位，她明顯感覺到這些家長跟著學校一起進步，而且因為時間久了，彼此有了感情，讀書會甚至還會舉辦慶生會。當這些對學校特別有感情，而且具有三好觀念的家長分散到各班時，便有益於家長與學校的溝通，對孩子的三好教育更產生加分效果。

典範學校2

高雄市鹽埕區忠孝國小設有一個全校家長群組，促進了許多三好美事。學務主任邱一晉舉例，無論是要捐贈東西給學校，或是想表達感謝，都可以在群組裡提出來，這是做好事的體現。

例如有位家長每天早上叫小孩起床，都要面臨一場親子大戰。

有一天小孩出門時還嘟著嘴，但走進校門領到好話卡，便歡喜回頭向她道別，親子間的緊張關係彷彿瞬間消融。這位媽媽因而在群組裡留言，感謝有「三好校園」。這樣的親師互動也是一種三好行為，彼此幫忙，互相打氣，促進溝通與了解，營造出美妙的三好關係。

典範學校3

屏東縣林邊鄉崎峰國小是偏鄉小學，當地居民非老即少。郭希得校長表示，這裡平常舉辦的是「祖孫週」，但到了母親節就是一等一的大事，一定要擴大舉辦，搞得熱熱鬧鬧。因為許多孩子可能一、兩年才能見到母親一面，如果那時候孩子的母親在家，就一定要力邀她們來參加。崎峰國小對待母親節的態度非常聰明，理解親子間微妙的關係，因而利用活動來拉近學校與家庭的關係，並且創造親子間的幸福感。

・加強學校與社區的連結

當各校因少子化而面臨招生壓力時，以「三好校園」形象建立家長對學校品格教育的信心，對招生頗具影響力。因此，想要建立學校與社區的關係，贏得社區的信任至關重要。其中成長最驚人的是高雄市鹽埕區忠孝國小，邱一晉主任分享，該校自二〇一七年開始施行三好計畫以來，學生人數一度不到兩百人，到二〇二一年時已經翻了一倍，達到四百三十人了。

操作模式

在社區安養院、孤兒院、動物之家做社會服務；到社區進行快閃活動或踩街活動，促進彼此的互動；舉辦社區讀書會，讓社區與學校一起成長；彩繪社區裡的公共建築物，美化社區；與他校進行各種校際合作計畫；經營三好農場，開放主婦採購有機蔬菜；經營特色學校，與地方文化產生深度連結。

典範學校1

大吉國中每學期都會到不同社區做快閃表演。這活動對學校而言是件大事，因此參與學生眾多，經常需要用到兩輛遊覽車。參與學生通常是管樂隊、國樂隊、扯鈴隊。在表演完畢後，還會沿途撿垃圾，所以運動校隊也會一起去幫忙。

邵冰瑩校長表示，大吉國中有不少孩子出自弱勢家庭，家長忙於生計，鮮少有機會帶子女出遊，以致大吉國中雖位於阿里山腳下，許多孩子卻沒去過阿里山。她強調，擴大視野對孩子的成長過程非常重要，可以培養孩子的自信心，所以學校會盡可能帶學生出遊長見識，希望彌補這方面的不足。

這項工作是由學務主任侯文傑負責，由於他也是地理老師，所以在快閃表演結束後，總會帶領學生參訪景點，介紹當地的風土民情。到目前為止，學校的快閃表演地點有梅山公園、大林糖廠、蒜頭糖廠、故宮南院、阿里山森林鐵路北門車站、嘉義高鐵站等。每當孩子們抵達從未去過的地方，總顯得特別開心，因為他們既將美妙的音樂帶給各景點的旅人，也完成了自己探索世界的欲望。

此外，大吉國中每學期還規劃三次拜訪老人中心或安養院，以音樂表演陪伴長輩與院童。

邵冰瑩希望學生能體會，年紀雖小也能行善。對於鮮少出門的學生來說，這些活動都是增廣見聞的快樂回憶，同時也能走出學校，與社區有良好的互動。

典範學校 2

邵冰瑩校長還分享自己在布袋國中任職時，曾為學校策劃過「踩街活動」，讓學生到社區進行樂隊表演。每個班級做各種打扮，自編不同的口號，一路熱鬧遊街。學生們很興奮，社區民眾也為自家孩子喝采，甚至施放煙火與小蜂炮歡迎，就像是過節一樣開心。經過那次活動，不但孩子們被肯定，學校被看見，與社區的距離也更近了，這種共榮一體的感覺令人欣喜。

典範學校3

為響應「浪浪之家」照顧流浪動物的理念，格致中學三好學社成員定期去當義工，完成服務社會的願心。

三好學社社長李咏璇指出，雖然工作內容只是簡單的打掃與餵食，但是一間間打掃下來也相當累人。她在與流浪動物接觸後發現，這些曾被拋棄的動物，明顯對人缺乏信任感，流浪時還非常容易受傷，很是令人同情。她在深入其中後體會到，輕易棄養，將對寵物造

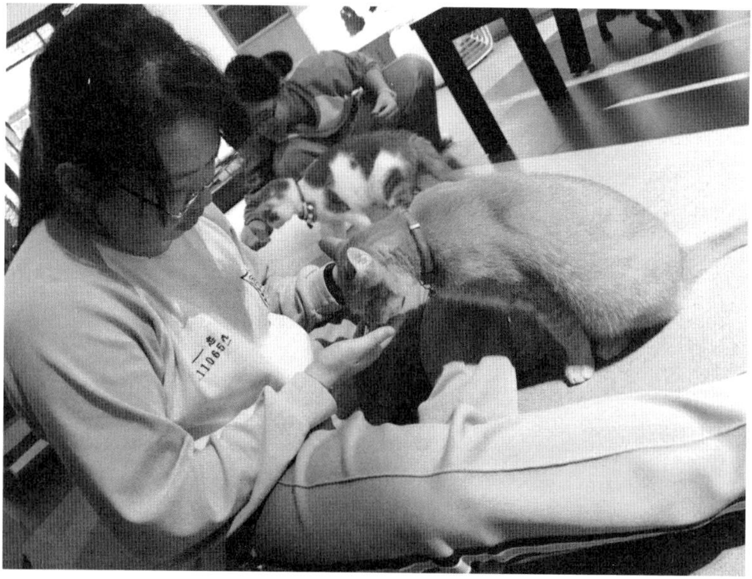

格致中學三好社成員在當義工的過程，學會照顧動物，愛護生命。

成極大的傷害，因此她呼籲，收養之前務必三思，這也是友善動物的三好行為。

‧將三好概念擴及國際與大自然

學校可與國際學校聯誼，或進行國際捐贈活動，也能選擇親近大自然。由於近年環境保育概念興起，學校若能在舉辦相關活動的同時，搭配各校特質反映在地文化，建立學校傳統，那就更有意義了。

操作模式

淨灘淨山活動、快閃表演兼撿垃圾、減塑活動、愛護流浪動物、在校內經營微型有機農場；與國際學校進行三好聯誼、進行國內外的捐贈義賣；海邊學校成立食魚教育、布市旁的學校成立布藝課程、山間學校成立山野教育。

典範學校1

南投縣埔里鎮均頭國中以「山野教育」聞名。由於該校四面環山，擁有豐富的山野資源，所以學校設立了「童軍社」。針對四至八年級學生，教導繩結、簡易急救、搭帳篷、炊事、定向等技巧；七至八年級學生則成立了「山林動力社」，安排溯溪、攀岩、山訓等探索體驗課程。

除此之外，還會教導野外求生的技能與知識，例如登山注意事項、山難的自我保護與急救、攝影技巧、野炊、落實無痕山林等。

學校課表還安排登山野營活動，例如四年級登百岳裡的石門山、五年級有校內野營課程、六年級征服百岳裡的合歡主峰、七年級自力造筏橫渡日月潭、八年級登百岳裡的合歡北峰、九年級進行浮潛及溯溪活動；同時，一至九年級還有校園的定向活動，以及其他個別安排的戶外山野課程。

學生自力造筏橫渡日月潭。

這課表相當驚人，臺灣有幾間背負升學壓力的學校，會如此重視戶外運動呢？均頭國中甚至為師生舉辦「運動賽事」與「山野教育跨校教師工作坊」。

當然，在訓練登山專業與進行山野教育時，同樣也融入了三好精神，師生們走進山裡就淨山，走到溪邊就淨溪，時時刻刻將環境保護放在心上。

均頭國中已成功發展山野教育五年，現在又擬定茶業文化為下一個經營目標。臺灣茶葉有百分之五十四出自南投，而且臺灣十大名茶就有四種產於當地。因此，探索茶鄉文化、穿越古今認識茶、讓茶邁向國際，都是均頭國中未來的發展計畫。

典範學校 2

嘉義市志航國小因靠近嘉義大學，所以與之合作，使用嘉義大學

均頭國中為學生安排豐富的野外探索體驗課程。

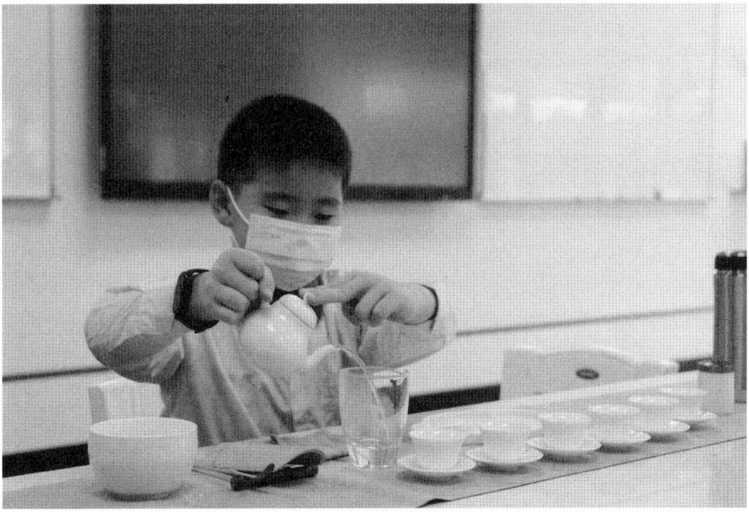

臺灣茶葉文化是均頭國中未來的發展目標。

溫室來進行食農教育。低年級課程是採取大手牽小手模式，由大學生帶小學生種植有機蔬菜；中年級則由研究生引導小學生做土壤養護；到了高年級，學生就可以自己種植香草植物。吳秋鋒校長表示，所有活動都是從自然課延伸而成，難度不高又很實用。在收成的季節，全校還會在後山舉行野餐活動，老師與家長用孩子們種的蔬菜做飯捲、壽司，體驗豐收的喜悅。

典範學校3

屏東大學曾招募師生參加「高樹鄉大路關義診醫療」、「法律服務到偏鄉」等活動。學生負責接待導引、陪伴來客、奉茶、布置場地、清潔歸位等事宜，也幫忙設置資源回收站、宣導垃圾分類概念等工作，是非常好的服務學習。

志航國小結合嘉義大學舉辦「大手牽小手」食農教育。

典範學校4

新北市淡水區淡水國中的社團環保活動，包含全班去淨灘、淨山；師生一起拜訪社區商家，贈送可重複使用的袋子，並且經店家同意，張貼學生製作的環保海報。也有班級舉辦「家庭減塑活動」，讓學生記錄環保餐具的使用次數。吳琪玉主任展示了一張孩子們晾晒洗滌過塑膠袋的照片，以便重複利用。學生一旦建立起習慣，自然能成為環保尖兵。

幾個動人的三好故事

推廣「三好校園」的最終目的，是培養出一群具有服務熱忱、樂善好施的三好學子。在三好校園實施多年後，學生更常做好事、說好話、存好心，也因此誕生一則又一則動人的三好故事。

・臺灣體大助人事蹟多

位於臺中市北區的國立臺灣體育運動大學，一日突然有校外人士到校尋人，原來是兩位阿媽之前騎摩托車意外摔車，有三位體大學生伸出了援手。阿媽表示，學生不但幫忙叫車送醫，還支付車資，所以特地來學校道謝與還錢。劉裴斐教官透過網路協尋，才知道行善的是體育系的湯程、陳詠綺、楊雅菁。後來雙方順利見了面，並且開心合影留念；學校也頒發獎狀予以獎勵。

回憶起這件事，這三名學生都沒放在心上。湯程表示，他們騎車時看到兩位阿媽摔得不輕，一時爬不起來，因此決定下車幫忙。本來阿媽執意騎車去醫院，但他們擔心阿媽有內傷，萬一中途昏倒了，豈不是更嚴重？由於這些年輕人趕著上課，無法親送，就替她們叫了計程車。陳詠綺則想到自己的阿媽膝蓋不好，爬樓梯很吃力；力氣不夠，瓶蓋打不開。這些辛苦她都看在眼裡，所以如果自己的阿媽在外

臺灣體大學生熱心助人，被幫助者特地來校致謝，雙方開心合照留念。

受困，當然會希望有人能伸出援手。楊雅菁以前常聽到助人者反被陷害的故事，所以對助人多少有點顧忌，經過此事才發現「原來助人並沒有那麼可怕」，而父母也對她的表現感到相當欣慰。

體大助人的好事不只這一樁。劉裴斐教官記得在二〇一七年世大運時，該校休閒系的曲棍球選手呂黎峰，在校外發現一位墨西哥籍女選手因為語言不通，結果被計程車司機丟包路邊，因此坐困愁城。呂黎峰見狀，毅然上前幫忙，開車送對方一程。呂黎峰在聊天時得知這位選手愛吃辣，還邀請她回家吃麻辣鍋，最後再送對方回選手村。這件世大運的小插曲，後來被許多媒體報導，讚許呂黎峰為臺灣做了很好的國民外交。

另有一次，有位阿公在校外的人行道騎自行車時，突然不慎跌倒，此時專精運動防護的休閒系學生劉炫良剛好在現場，他不但立刻為阿公做檢查，還幫忙叫救護車。這位阿公在痊癒之後，也來學校尋找恩人。另外還有一位民眾，在學校對外開放的羽球場打球時心肌梗塞，一位舞蹈系校友當場用館內的ＡＥＤ電擊器急救成功，事後對方也同樣來校致謝。

劉裴斐表示，體大學生由於常在校外教課，有擔任教練的切身經驗，所以特別理解三好教育的重要性，並且能真心實踐出來。湯程則說：「比賽最重要的是樂在其中，得名是另外一回事。頒獎一瞬間就結束了，但參賽的過程，甚至在比賽中助人，卻是一輩子的回憶。」這種樂於付出的態度，不只展現在比賽中，也成為該校學生日常生活的三好品格。

・大吉國中從小善行看到堅持的力量

大吉國中也有過助人的美事。在某個下雨天，家長會長看見兩名學生待在雨中遲遲不肯走，上前詢問才知道他們撿到了手機。由於擔心失主回頭尋找，所以不敢離開，一直在現場等待，而後來失主也真的回來了。家長會長很高興，不但為失主與兩位學生合影，還將照片提供給「公益信託星雲大師教育基金」，稱許三好教育推行有成。

邵冰瑩校長表示，三好教育實施多年後，從老師到社區確實都不一樣了。她記得之前曾有一位情緒障礙的轉學生，全校為了這名學生前後開了多次討論會，過程非常辛苦。儘管該生的表現在畢業時仍未達到預期，但家長對學校充滿感激，由於疫情緣故無法到校致謝，因此特地寫了封感謝信給學校，還對校長說：「你們是三好校園，老師都特別有耐心，能否再介紹一間實踐三好的高中職給我呢？」邵冰瑩不禁感慨萬千，因為這位家長完全明白學校付出的心血，而這份理解對老師來說是非常重要的。

邵冰瑩說：「三好價值給所有老師挹注了一股活水。老師天天要面對孩子那麼多不同的問題，社會愈來愈複雜，家庭支持愈來愈薄弱，問題只會愈來愈嚴重。除了上級單位外，老師還需要一份來自社會的力量，大家才能繼續走下去。」而「三好校園」與「公益信託星雲大師教育基金」正是這股力量，幫助教育第一線的老師懷抱更強烈的使命感，為臺灣教育點燃更多希望。

成功辦活動的小祕笈

許多學校都想知道，該如何舉辦充滿吸引力的活動？前景文高中學生活動組長陳慧娟是辦活動高手，她提供幾項具啟發性的建議：

一、辦活動要緊扣年輕學生的喜好，並且保有彈性。以三好盃歌唱大賽為例，曲目不一定要執著唱三好歌，只要符合三好價值的歌曲都可以納入。當年輕人的自由度增加時，參加意願也就提升了。

二、觀察時下正在流行什麼，將自己代入參與者的角色與年齡，就比較能找到他們喜歡的活動。例如臺灣一度很流行「開箱照」，景文高中便趁教師節如法炮製一張，並且上傳到抖音。這張開箱照以數學課與體育課來發想，五個學生躺在地上，每個人手上拿著一面牌子，合起來寫著「教師節快樂」，非常有趣。

三、老活動要有新花樣，如果只是依循往例不斷重複，容易讓人生膩而失去興趣。例如景文高中教師節活動，從最原始的奉茶發展到制服顛倒日，初衷不改，活動卻更有趣了。

四、記得以照片全程記錄所有活動細節，把成果保留下來，將來要再複製時，才具有說服力。

五、計畫與執行之間一定會有落差，要先做好心理準備，並且準備好備案。

六、不管辦任何活動，一定會有人持反對意見，要化逆境為力量，不輕易放棄。

七、身邊要有暗樁，最好是一群勇敢且有影響力的學生。在活動初期

景文高中創意的教師節禮盒開箱照。

需要推銷傳播、按讚分享時，這些人能夠上場支援；當活動臨時需要調度人力時，他們也可以前來幫忙。

校外教學注意事項

大吉國中每學期都會帶學生去安養中心、教養院三次，快閃表演一次，校外教學經驗很豐富。學務主任侯文傑分享經驗如下：

一、校外活動的接洽過程非常辛苦，但萬事起頭難，只要跨出去，建立與社區的連結，後面就會容易許多。同理，剛開始帶學生出去壓力很大，但隨著經驗愈來愈豐富，膽子也就跟著變大了。

二、帶學生去教養院須特別注意，裡面的院童鮮少接觸外人，看到學生表演，容易因過度興奮而失控尖叫。若沒有事先提醒，表演的學生可能會因此嚇到。

三、所有戶外活動行程必須先行探勘，預走一遍，流程才會順暢。

社會人文 BGB539

三好，成就孩子好素養

做好事、說好話、存好心

授權 — 公益信託星雲大師教育基金
作者 — 稅素芃
內頁圖片提供 — 公益信託星雲大師教育基金

總編輯 — 吳佩穎
主編暨責任編輯 — 陳怡琳
協力編輯 — 陳子揚、謝采芳
校對 — 詹宜蓁
封面設計 — 張議文
內頁排版 — 張靜怡、楊仕堯

出版者 — 遠見天下文化出版股份有限公司
創辦人 — 高希均、王力行
遠見・天下文化 事業群榮譽董事長 — 高希均
遠見・天下文化 事業群董事長 — 王力行
天下文化社長 — 林天來
國際事務開發部兼版權中心總監 — 潘欣
法律顧問 — 理律法律事務所陳長文律師
著作權顧問 — 魏啟翔律師
地址 — 台北市 104 松江路 93 巷 1 號 2 樓
讀者服務專線 — (02) 2662-0012 ｜傳真 — (02) 2662-0007；(02) 2662-0009
電子郵件信箱 — cwpc@cwgv.com.tw
直接郵撥帳號 — 1326703-6 號　遠見天下文化出版股份有限公司

公益信託星雲大師教育基金
諮詢委員會 — 釋心保、釋心培、釋慈容、釋依空、釋慧傳、釋覺培、蕭碧霞、釋慧讓
書籍企畫 — 釋覺多
校對 — 楊媛甯、鄭梓含、施芃年

製版廠 — 東豪印刷事業有限公司
印刷廠 — 祥峰印刷事業有限公司
裝訂廠 — 聿成裝訂股份有限公司
登記證 — 局版台業字第 2517 號
總經銷 — 大和書報圖書股份有限公司 電話／ (02) 8990-2588
出版日期 — 2022 年 9 月 30 日第一版第 1 次印行
2024 年 1 月 16 日第一版第 4 次印行

定價 — NT 420 元
ISBN — 978-986-525-786-6
EISBN — 9789865258290（EPUB）；9789865258306（PDF）
書號 — BGB539
天下文化官網 — bookzone.cwgv.com.tw

國家圖書館出版品預行編目（CIP）資料

三好，成就孩子好素養：做好事、說好話、存好心／稅素芃著. -- 第一版. -- 臺北市：遠見天下文化出版股份有限公司, 2022.09
面；　公分. --（社會人文；BGB539）
ISBN 978-986-525-786-6（平裝）

1. CST：德育　2. CST：品格
3. CST：人文素養

528.5　　111013030

天下文化
BELIEVE IN READING